사람들이 몰려오는
소그룹 인도법

10년 만에 10배 성장한
제자들교회의 건강한 성장 비결

사람들이 몰려오는
소그룹 전도법

김동현 지음

NCD

추천의 글

    한국교회는 누구나 인정하듯 위기에 직면해 있습니다. 세계 기독교 역사 가운데 유례없는 성장과 부흥을 이룬 한국교회의 역사는 이제 화려했던 과거사에 지나지 않습니다. 젊은이들은 교회를 외면하고 있고, 사회와 믿지 않는 사람들의 교회에 대한 실망감은 기독교에 대한 차가운 외면과 거부감이라는 사회적 분위기로 되돌아오고 있습니다. 이러한 현실 가운데 전도는 기쁘게 감당해야 할 사명이라기보다는 무거운 의무감으로 다가옵니다. 대부분의 그리스도인은 전도에 대한 부담감은 느끼지만, 실패감과 좌절감이라는 벽에 가로막혀 전도를 시도하는 것조차 망설이게 되었습니다. 그러나 막상 전도를 하려고 해도 혼자 어떻게 해야 할지 몰라 막막해 합니다. 이러한 때 대전《사람들이 몰려오는 소그룹 전도법》은 이 시대에 맞는 전도에 대해 새로운 해법을 제시해 주고 있습니다.

    김동현 목사의 《사람들이 몰려오는 소그룹 전도법》을 읽으면서 그가 영혼구원의 열정으로 이 시대에 통하는 교회의 전도에 대해 얼마나 깊이 고심하고 현장에서 몸으로 부딪혀 가며 노하우를 쌓았는지를 느낄 수 있었습니다. 이 책에는 현장 경험에서 쌓이고 우러나

와야만 알 수 있는 세심하고 구체적인 소그룹 사역 방법들이 일목요연하게 정리되어 있으며, 소그룹 리더가 갖추어야 할 덕목과 소그룹의 진정한 목적과 사역에 대해서도 좋은 방향이 제시되어 있습니다.

　한국교회가 아무리 위기 가운데 있어도 소그룹과 리더가 건강한 교회는 반드시 부흥하며, 전도하는 교회도 반드시 부흥합니다. 대전 제자들교회의 건강한 성장과 부흥이 이를 증명해 줍니다. 따라서 저는 전도와 소그룹, 교회의 건강한 성장과 부흥에 대해 고민하는 사역자들과 소그룹 리더들에게 이 책을 추천합니다. 한결같은 사역철학과 믿음으로 제자들교회를 이끌고, 그 사역 방법과 노하우들을 이 책을 통해 아낌없이 나누어 주신 김동현 목사에게 진심으로 감사를 전합니다.

중국에서 정진우 목사

들어가는 글

10여 년 전 제자들교회가 200명 정도의 성도들과 주일예배를 드릴 때 처음 전도소그룹 사역을 시작했다. 그로부터 2년 후, 나는 《제자들교회 전도소그룹 이야기》라는 제목으로 책을 한 권 쓰게 되었다. 당시 책을 쓰면서 스스로 너무나 부족하다고 느꼈기 때문에 다음번에 또 책을 쓰게 된다면 전도소그룹이 좀 더 성과를 거두어 주일예배에 2000명 정도의 성도가 모여 예배를 드릴 때쯤 써야겠다고 마음을 먹었었다.

안식년을 얻어 지난 3월부터 6개월간 제주에 내려와서 지내면서 나는 이제 다시 책을 써도 되겠다고 생각했다. 제자들교회는 현재 어린아이들을 포함하여 2000명 정도의 성도들이 모여 주일예배를 드리고 있다. 처음 전도소그룹 사역을 시작했을 때 18개였던 소그룹은 이제 청년 소그룹을 포함해 170여 개가 되었다. 더불어 교회를 나누어 3곳에 교회를 개척하였다. 따라서 이제는 정말 '제자들교회는 전도소그룹으로 성장한 교회입니다'라고 말해도 괜찮지 않을까 하는 마음이 든다.

오늘날 한국교회는 의심의 여지없이 성장을 멈추었다. 모든 교단의 교인수가 몇 년째 확연히 줄어들고 있다. 한국교회의 위기라고 할 수 있는 상황이다. 여기에는 여러 가지 원인들이 있겠지만, 나는 교회가 건강하지 못한 것이 가장 큰 원인이라고 생각한다. 교회 안의 소그룹이 열매 맺는 건강한 소그룹이 되지 못한 채 형식적인 소그룹에 머물러 있기 때문이다. 또한 이는 평신도 지도자인 소그룹 리더들이 제대로 역량을 발휘하며 사역할 수 없는 교회구조와 맞물려 있다.

목회를 30년 가까이 해오면서 집회와 세미나를 통해 수많은 목회자들을 만났다. 특히 지난 10여 년 동안 전도소그룹 세미나를 진행하면서 교파를 초월하여 한국교회의 수많은 목회자들을 만나 이야기를 나눌 기회가 있었다. 목회자들의 공통된 고민은 교회의 성장이 정체되어 있다는 것과 어린이, 중고등부, 청년부의 급격한 감소였다. 그런데 대안을 찾기 위해 세미나에 참석하여 건강한 소그룹과 소그룹 리더에 대한 강의를 아무리 들어도 막상 그것을 교회에서 실행하기가 쉽지 않다고 했다. 도저히 교회의 기존 소그룹을 바꿀 수 없다는 것이다. 목회자가 시대에 맞추어 교회의 구조를 새롭게 바꾸려 해도, 교회의 터줏대감격인 평신도 중직들이 변화를 거부하기 때문에 포기할 수밖에 없는 것이 한국교회의 현실이다.

그러나 나는 다시 한 번 분명히 말하건대 교회가 건강하면 반드시 부흥한다. 조급한 마음으로 무조건 부흥만 외칠 것이 아니라 교회를 건강하게 만드는 데 초점을 맞추어야 한다. 그러면 교회는 자연스럽게 부흥한다. 무엇보다 교회의 건강과 부흥은 건강한 소그룹과 소그룹 리더에게 달려있다. 즉 교회 안에 있는 소그룹들이 열매 맺는 소그룹, 재생산이 가능한 소그룹으로 바뀌어야 한다. 뿐만 아니라 영적아비, 어미의 심정으로 소그룹원들을 돌보고 섬기는 소그룹 리더들을 길러내야 한다. 그러면 교회의 분위기가 새로워지고 새신자들이 정착하여 좋은 일꾼으로 자라갈 것이다.

많은 목회자들과 성도들이 한결같이 하는 말은 '전도는 힘들다, 어렵다, 안 된다'는 것이다. 간혹 대형교회가 성도들의 수평이동으로 숫자가 많아질 수는 있지만, 순수하게 불신자를 전도하여 부흥하는 일은 거의 드물다. 하지만 이는 대부분 노방전도, 축호전도, 아파트전도 같은 일회성 전도와 총동원주일 등의 일회성 행사를 전도라고 생각하는 오류에서 비롯된 결과이다. 그저 교회에 한 번 데려오는 것을 전도로 알아서는 문제 해결이 안 된다.

한국교회 새신자의 90퍼센트 이상이 평소에 잘 아는 사람 즉 이미 관계를 맺고 있는 사람들을 통해서 교회에 오게 된다고 한다. 한 번의 권면이나 초대로 전도가 되는 것이 아니라는 뜻이다. 즉 오랜 기간의 섬김과 권면을 통해서 한 사람이 교회에 오게 된다. 나는 '전도는 농사'라고 생각한다. 농부가 농사를 잘 짓기 위해서는 밭을 일구어 옥토로 만들고, 씨앗을 뿌리고, 거두는 데 과정과 시간이 필요한 것처럼 전도 또한 황무지 같은 불신자의 마음에 복음의 씨앗을 뿌려 열매를 거두려면 과정과 시간이 필요하다. 무턱대고 복음의 씨를 뿌린다고 해서 바로 거두게 되는 것이 아니다. 먼저 그들의 마음이 부드러운 옥토가 될 수 있도록 돌보고 사랑하고 섬겨주어야 한다. 그 후 진정한 사랑으로 무장한 소그룹 공동체로 초대하여 더 깊은 사랑과 섬김으로 감동을 주고 그 뒤에 복음의 씨를 뿌려야 한다. 그런데 이 과정을 혼자서 하게 되면 금세 지쳐 포기하기 쉽다. 이 과정을 소그룹과 함께하게 되면 누구나 쉽게 할 수 있다. 이것이 바로 소그룹에서 함께하는 관계 전도인 전도소그룹의 핵심이다.

제자들교회는 매년 전도소그룹을 통해 800여 명의 새신자들이 등록한다. 그 중 80~90퍼센트가 한때 교회를 다녔지만 오랫동안 교회를 떠나 있던 사람들이거나 교회에 다녀본 적이 없는 불신자들이다. 교회를 다닐 생각이 전혀 없던 사람들이 전도소그룹을 통해 자연스럽게 교회에 연결되고 내 인생에서 가장 잘 한 결정이 예수님을 믿은 것이라고 고백하게 된다. 여기에는 소그룹을 이끄는 리더들의 땀과 눈물 어린 헌신이 있었다. 소그룹 리더인 목자가 목원을 돌보고 섬기는 모습은 영락없는 부모의 모습이다. 영적인 아버지, 어머니가 되어 헌신적으로 목원들을 보살피고 기도해 주니 소그룹이 건강하게 세워질 수밖에 없는 것이다. 이렇게 소그룹이 건강하면 새신자들이 소그룹에 들어와서 건강하고 행복하게 믿음이 자라간다. 결과적으로 전도소그룹은 교회를 건강하게 성장시키는 견고한 토대인 것이다.

이 책이 한국교회의 목회자들과 소그룹 리더들에게 조금이라도 도움이 되기를 간절히 기도한다. 우리 교회 초창기에 NCD와 정진우 목사님을 만난 것은 하나님의 축복이었다. 생각날 때마다 늘 감사하고 있다. 더불어 늘 격려로 힘이 되어 주시는 안승철 감독과 자료 정리를 도와준 강진구 목사, 타이핑으로 수고한 김연옥 자매, 그리고 매번 교정으로 수고 해준 박제경 사모에게도 고마운 마음을 전한다.

안식년 동안 성실하게 사역해 준 모든 교역자들과 나의 목회 형제이자 하나님의 사람들인 목사님들에게도 참으로 감사하다. 무엇보다 나의 자랑이요 기쁨이요 면류관인 우리 목자들에게 가장 깊은 사랑과 감사를 보낸다. 또한 나의 사랑하는 가족, 아내와 세 자녀 경민, 경재, 예은이에게 늘 고맙고 감사하다.

마지막으로 평생 동안 내가 한 수고보다 그리고 나의 기대보다 항상 더 많은 것으로 베푸시는 하나님 아버지께 모든 영광과 감사를 올려드린다.

"모든 것이 하나님의 은혜입니다. 내 잔이 넘치나이다."

차례

1장
전인적인 소그룹

"날마다 마음을 같이하여 성전에 모이기를 힘쓰고

집에서 떡을 떼며 기쁨과 순전한 마음으로 음식을 먹고" 사도행전 2:46

모든 목회자는 교회의 성장을 원한다. 그런데 교회의 성장은 교회가 건강하면 저절로 일어날 수밖에 없는 일이다. 따라서 교회의 성장을 원한다면 성장에 목표를 두기보다 먼저 교회를 건강하게 만드는 것에 목표를 두어야 한다. 그러면 교회는 자연스럽게 성장할 수밖에 없다. NCD(자연적교회성장)설립자 크리스천 슈바르츠Christian A. Schwarz 목사는 건강한 교회의 특징을 아래와 같이 8가지로 정의한다.

1. 사역자를 세우는 지도력
2. 은사 중심의 사역
3. 열정적 영성
4. 기능적 조직
5. 영감 있는 예배
6. 전인적 소그룹
7. 필요 중심적 전도
8. 사랑의 관계

이 중에서 가장 중요한 것은 '전인적인 소그룹'이다. 소그룹에서 성도들이 말씀과 삶을 나눔으로써 전인적인 치유와 변화, 가족 같은 공동체를 경험할 수 있기 때문이다. 소그룹은 교회 안의 작은 교회로서 그 자체가 교회이자 가족 공동체이다.

사도행전 2장 46절을 살펴보면 교회는 두 가지 형태의 모임으로 나타난다. 하나는 성전에서 모이는 큰 모임이고, 또 하나는 떡을 떼기 위해 모인 가정 단위의 소그룹모임이다. 에베소 교회 안에 있는 아굴라와 브리스길라의 가정교회와 라오디게아 교회 안에 있는 눔바의 가정교회 등을 예로 들 수 있다.

"날마다 마음을 같이하여 성전에 모이기를 힘쓰고 집에서 떡을 떼며 기쁨과 순전한 마음으로 음식을 먹고" 사도행전 2:46.

초대교회의 소그룹인 가정교회는 평신도가 지도자가 되어 소그룹 안에서 성도들이 말씀과 삶을 나누고, 찬양과 기도와 성찬을 통해 주님의 사랑을 뜨겁게 나누는 전인적인 가족 공동체였다. 그런데 구역예배나 속회 등 한국교회의 기존 소그룹들은 일주일에 한 번 모여 예배를 드리고 교제하는 것이 전부니 전인적인 소그룹이나 가족 공동체와는 상당히 거리가 멀다.

전도소그룹을 10여 년 동안 해오면서 뼈저리게 느끼는 것은 교회의 건강과 부흥은 소그룹과 소그룹 리더에게 달려있다는 것이다. 소그룹 리더가 작은 목자가 되어 소그룹원들을 사랑으로 돌보고 섬길 때 성도들은 소그룹 안에서 하나님의 영적 가족으로서 사랑과 교제를 나누며 영적으로 자라가게 된다. 이때 비로소 교회가 건강해지고 부흥하는 것을 목회현장에서 몸소 경험하고 있다. 우리 제자들교회는 소그룹과 소그룹 리더 중심의 교회라고 말할 수 있다. 시작할 때부터 소그룹을 가장 중요하게 여겼고, 소그룹 리더들과 함께 동역해 왔기 때문이다.

우리 교회는 소그룹을 목장, 소그룹 리더를 목자라고 부른다. 가장 성경적인 용어라고 생각하기 때문이다. 그러므로 앞으로 이 책에서 소그룹을 목장으로, 소그룹 리더를 목자로 용어를 통일해서 쓰려고 한다.

목장의 다섯 가지 요소

목장의 생명력을 유지하게 하는 다섯 가지 중요한 요소가 있다. 물이 아주 작은 물방울이 된다 해도 물의 본질과 특성을 소유하고 있는 것처럼 목장교회는 교회의 기초 단위로서 교회의 본질과 특성을 소유하고 있다. 《제2의 종교개혁》과 《자연적 부흥》의 저자인 빌 백햄William A. Beckham은 이러한 특성을 다음과 같이 다섯 손가락으로 설명한다. 즉 교회의 다섯 가지 중요한 요소는 공동체, 복음 전파, 지도력, 상호책임, 새신자 양육이다.

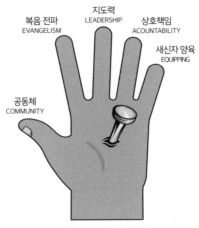

복음 전파
EVANGELISM

지도력
LEADERSHIP

상호책임
ACOUNTABILITY

새신자 양육
EQUIPPING

공동체
COMMUNITY

예수 그리스도의 죽음과 부활

1. 공동체

① 엄지손가락에 해당하는 것이 공동체이다. 손가락들이 서로 연결되어 있는 것처럼 교회의 다른 네 가지 요소들과 밀접하게 연관되어 있다.

② 목장은 "두세 사람이 내 이름으로 모인 곳에는 나도 그들 중에 있느니라"마 18:20고 말씀하셨던 주님의 약속을 신뢰하면서 주님의 이름으로 모인 공동체이다.

2. 복음 전파

① 검지손가락에 해당하는 것이 복음 전파이다. 검지는 방향을 가리키고 지도하며 물체를 들어 올리는데 유용하게 사용된다. 어디로 가야 할지를 몰라 방황하는 영혼들에게 나아갈 길을 제시

하고 인도한다.

② 목장은 잃어버린 영혼들을 위해 기도하며 그들을 향해 나아가야 한다. 목장예배 때마다 불신자들의 이름을 부르며 기도하고, 그들을 목장으로 인도하기 위해 한 노력들을 나눈다.

③ 관계전도는 목장교회의 기본적인 전도 방법이다. 불신자들과 지속적인 관계를 가져야 한다.

④ 목장이 그물이 되어 함께 불신자들을 낚는 역할을 해야 한다. 사탄에게 포로로 잡혀 있는 불신자들을 구출해 내기 위해 목장이 하나님의 거룩한 군대가 되어 합동 작전을 펼쳐야 한다.

⑤ 복음 전파 없이 자기들끼리 만족하는 목장은 주님이 설계하신 교회의 모습이 아니다. 이런 목장은 결국 생명력을 상실하게 된다.

3. 지도력

① 중지손가락에 해당하는 것이 지도력이다. 오늘날 교회가 생명력 있고 지속적인 소그룹을 갖지 못하는 이유는 리더의 부재 때문이다. 모든 목장에는 리더와 예비 리더가 있어야 하고, 영적 아비, 어미는 목장 밖에서가 아니라 목장 안에서 훈련된다. 그래서 목장이 분가될 때 예비 리더가 새로운 리더가 되어야 한다.

② 예수님은 다른 사람들을 책임질 수 있는 리더를 중심으로 교회를 세우셨다.

③ 목장 리더십에 있어서 매우 중요한 요소 중 하나가 재생산이다. 영적 어린아이, 청년의 단계를 거쳐 영적아비, 어미의 단계에 도달한 목장 리더들은 필수적으로 재생산이 가능해야 하며, 이것은 목장 리더십을 가늠하는 척도가 된다.

4. 상호책임

① 약지손가락에 해당하는 것이 바로 상호책임이다. 약지에 끼워진 결혼반지가 상대방에 대한 사랑과 헌신, 그리고 끝까지 책임지겠다는 약속을 나타내는 것처럼 목장에서도 목원들 사이에 상호책임이 필요하다.

② 신약성경에는 '서로'엡 4:32, 엡 5:21, 골 3:13라는 단어가 수없이 기록되어 있는데, 이러한 초대교회의 상호책임 개념을 목장을 통해 회복할 수 있다. 상호책임은 '나 하나쯤이야'에서 '나 하나야말로'로 패러다임을 전환하는 것이다.

"서로 친절하게 하며 불쌍히 여기며 서로 용서하기를 하나님이 그리스도 안에서 너희를 용서하심과 같이 하라" 에베소서 4:32.

"그리스도를 경외함으로 피차 복종하라" 에베소서 5:21.

"누가 누구에게 불만이 있거든 서로 용납하여 피차 용서하되 주께서 너희를 용서하신 것 같이 너희도 그리하고" 골로새서 3:13.

③ 우리는 예수 그리스도를 머리로 하는 몸 된 교회의 각 지체이다. 몸의 지체들은 반드시 서로 돌보고 책임져야 한다.

④ 주님은 분명히 "너희가 짐을 서로 지라 그리하여 그리스도의 법을 성취하라"갈 6:2고 말씀하셨다. 그러나 우리는 다른 지체들의 삶에 대해 무관심한 채 자기 울타리 안에만 안주하고 있다. 목장 안에 '아간의 영'이 사라지고, '다윗과 요나단' 같은 아름다운 우정이 충만해지는 것이 목장교회의 상호책임이다.

⑤ 상호책임을 위한 세 가지 요소가 있는데, 이것을 3P로 요약할 수 있다. 성경은 "세 겹 줄은 쉽게 끊어지지 아니하느니라"전 4:12고 말씀하고 있다.

- Prayer 매일 목장의 다른 지체들을 생각하며 기도하기
- Phone(e-mail) 매주 전화나 문자 메시지, 이메일을 통해 격려하기
- Pizza 매달 얼굴과 얼굴을 맞대고 만나서 서로의 관계와 목장의 영역 넓히기

5. 새신자 양육

① 새끼손가락에 해당하는 것이 새신자 양육이다. 목장 안에서 영적 어린아이인 새신자가 양육되고, 리더로 훈련된다.

② 가족 공동체인 목장이 없는 교회는 영적 어린아이와 같은 새신자들을 비인격적인 제도와 환경 안에서 돌보려고 노력한다. 그러나 목장교회에서는 새신자들이 목장이라는 가족적인 환경에

서 돌봄을 받는다.

③ 목장 리더는 새신자에게 영적인 부모이고, 목장 구성원들은 새로운 영적 아기의 성장을 돕는 손위 형제, 자매라고 할 수 있다.

6. 핵심 정리

① 공동체, 복음 전파, 리더십, 상호책임, 새신자 양육이라는 다섯 가지 요소가 생명력을 가진 목장교회를 만드는 필수요소이다. 이 요소들은 예수 그리스도의 손에 난 못 자국처럼 성도들의 마음에 새겨져야 한다.

② 이 다섯 가지 요소들을 가능케 하시는 분은 예수 그리스도이시다 마 18:20. 예수 그리스도의 죽으심은 우리를 공동체로 이끄시기 위함이었다. 우리는 그의 죽으심을 통해, 그와 함께 공동체에 속하게 되었다.

"두세 사람이 내 이름으로 모인 곳에는 나도 그들 중에 있느니라"
마태복음 18:20.

③ 복음을 전파하고 리더십을 훈련하며, 상호책임지고 새신자를 양육하는 목장의 사역은 예수님의 죽음과 부활로 인해 가능해졌다.

④ 목장의 핵심 DNA는 예수 그리스도이시다. 목장 안에 그분이 계실 때, 그분의 능력이 목장을 통해 흐르게 되고 목장의 목적

이 성취된다.

⑤ 신약성경은 목장과 같은 소그룹 공동체 없이는 교회의 지속적인 부흥이 불가능하다는 사실을 보여준다. 참된 부흥은 새신자들을 돌보는 것으로 시작하여 상호책임지는 관계와 섬기는 리더십에 의해 보호되며, 공동체의 복음 전파를 통해 더욱 활발해진다.

자꾸만 오고싶은 목장예배

예배는 교회의 온도계이다. 건강한 교회에는 영감 있는 예배가 있다. 목장도 영감 있는 예배를 드릴 때 목원들이 자꾸만 오고 싶은 목장예배가 된다. 목장예배를 형식적으로 드리거나 아무런 은혜도 감동 없이 시간 때우기 식으로 드린다면 목원들은 이런저런 핑계를 대며 어떻게든 예배에 빠지려 할 것이다. 우리 제자들교회는 4W 목장예배를 통해 나눔과 참여 중심의 감동 있는 목장예배를 드리고 있다.

1. WELCOME(환영과 친교)
목장예배에 참여하는 목원들이 상호간의 거리감과 어색함을 깨뜨리고 마음을 여는 순서로 환영의 시간을 갖는다. 이 시간은 목원들의 긴장을 풀어 마음을 여는 시간이다. 간단한 식사나 간식을 나누거나 게임 등을 하면서 자연스럽게 마음을 열게 하면 좋다.

① 목적
- 흩어져 있는 사람들의 마음을 하나로 모은다.
- 목장의 유대감과 친밀감을 형성한다.
- 목원들이 서로 더 깊은 관계를 맺게 한다.

② 인도요령
- 목원들이 편안한 느낌을 갖도록 자연스러운 분위기를 만들어 모두가 참여할 수 있게 한다.
- 리더는 시간분배를 지혜롭게 해야 한다.
- 이야기를 하고 싶지 않은 사람에게 억지로 시키지 않되 가능하면 모든 사람이 참여하도록 권한다.
- 리더는 자신이 먼저 한 주간의 삶을 솔직하게 나누면서 목원들이 편하게 나눌 수 있는 분위기를 만든다.

예) 한 주간 동안 감사했던 일을 한 가지씩 이야기해 봅시다.
　　지금까지 받았던 선물 중 가장 감동 받았던 선물을 나누어 볼까요.
　　최근에 받은 칭찬 중 가장 좋았던 칭찬을 이야기해 봅시다.

2. WORSHIP(찬양을 통한 경배)
인도자는 찬양을 인도할 때 목원들이 주님의 임재를 경험하며 은혜의 보좌 앞으로 나아가도록 돕고, 찬양을 통해 깊이 있는 경배를 드릴 수 있도록 인도한다.

① 인도의 실제

- 한 주간의 묵상을 통해서 성령님이 가슴으로 부르게 하는 찬양에 민감해야 한다.
- 예배 주제와 관련된 3~4곡의 찬양을 기도로 준비한다.
- 목장에서 경험한 예배가 한 주간 동안 지속되도록 한다.
- 한 곡을 두 번 혹은 세 번씩 반복적으로 부르면서 찬양이 끊이지 않도록 코드별로 묶어서 부른다.
- 마지막 곡은 되도록 조용하고 느린 곡으로 부르되 찬양 중 오직 하나님만을 바라보며 성령의 기름 부으심을 사모하도록 인도한다.

② 주의사항

- 익숙한 찬양을 선곡하고 예배가 시작되기 전에 찬양 순서를 미리 정한다.
- 부르는 찬양에 대해 일일이 소개하려고 하지 말아야 한다.
- 찬양 인도 중 꼭 해야 할 말이 있다면 최대한 짧게 하되 장황한 설교로 이어지지 않도록 한다.
- 인도자 자신이 익숙하게 잘 부를 수 있는 찬양을 선곡한다.
- 무엇보다 인도자가 먼저 온전한 예배자로 준비되어야 한다.

3. WORD(말씀)

주일예배 시간에 선포된 말씀을 한 주간 동안 삶 속에서 어떻게 적용했는지 나누는 시간이다. 이 시간은 다른 지체들이 나누는 말씀을 통해서 실제적인 주님의 능력을 체험하는 시간이다. 또한 이 시간은 말씀의 실천을 나누는 시간이다. 목원들은 돌아가면서 말씀을 통해서 무엇을 느꼈으며 그 말씀을 가지고 어떻게 살았는지 그리고 결과는 어땠는지를 나눈다.

① 적용 말씀 나누기
- 하나님은 성경을 통해서 우리에게 말씀하신다.
- 말씀은 우리의 가치관을 바꾼다.
- 나눔을 통해 서로를 알고 섬겨준다.
- 적용 말씀을 나눔으로써 한 주간 동안 말씀을 어떻게 실천하며 살았는지를 나눈다.
- 하나님의 말씀 앞에서 나를 버리고 말씀에 합당한 삶을 살기로 결단할 때 가치관이 변한다.
- 결론적으로 말씀을 나누는 시간은 서로의 아픔과 실패를 나누면서 서로를 일으켜 주는 시간이다.

② 인도요령
- 설교 되새김
  지난 주 설교 본문을 읽고 난 후 설교 내용을 3분 정도로 요약해서 들려

준다. (이 시간은 결코 목자가 설교하는 시간이 아니다.)

- 나눔 시간

  말씀에 대한 각자의 의견을 나눌 수 있는 질문을 던진다. (인도자는 나눈 내용을 요약해 주면서 적용에 초점을 맞추도록 돕는다.)

  - 시작 : 미리 준비한 '발견을 위한 질문'을 던진다.
  - 인도 : 설교에서 깨달은 것, 은혜 받은 것 등을 나눈다. 이때 '이해를 위한 질문', '적용을 위한 질문' 등을 사용한다.
  - 요약 : 나누었던 내용들을 간단히 요약하고 다음 단계로 넘어간다.

4. WORK(사역)

서로를 위해 기도하는 이른바 '다지세 기도'(다음 지체를 세워주는 기도)를 하는 시간이다. 이 시간에는 주중에 다른 지체들을 위해 지속적으로 기도했는지를 점검하며 기도한다. 목장예배에 함께 있어야 할 전도대상자들에 대해 서로 나누며, 그들을 목장 안으로 인도하기 위한 구체적인 방법들을 찾음으로써 목장을 향하신 주님의 목적을 이루는 시간되도록 해야 한다. 그리고 무엇보다 중요한 것은 전도대상자의 영적 상태를 수시로 점검해야 한다. 또한 '나는 이번 주에 언제, 어디서, 누구 전도대상자를, 누구교회 성도와 함께, 어떻게 만나 시간을 보내며 섬길 것인가'를 구체적으로 결단하게 해야 한다.

① 목회적 돌봄 시간

- 하나님은 그분의 능력으로 우리의 영혼과 삶을 만지시고 변화

시키신다는 사실을 서로의 섬김을 통해 체험하는 시간이다.

- 섬김을 통해 목원들의 아픔을 치유하는 시간이다.
- 목원들이 목장 밖의 영혼들에게 관심을 쏟도록 하는 시간이다.

② 인도 요령

- 돌아가면서 기도제목을 나누고, 특히 고난 가운데 있거나 육체적으로 연약한 목원을 위해서는 손을 잡거나 어깨에 손을 얹고 기도한다.
- 전도대상자가 누구인지를 나누고, 한 주간 동안 그를 어떻게 섬겼는지를 나눈다(나의 전도대상자는 누구인가?, 이번 주에 어떻게 섬겼는가? 전도대상자의 영적 상태는 어떤가?).
- 전도대상자 위해 통성기도 후 주기도문으로 마친다.

은혜로운 목장예배를 위한 인도법

디베랴 바닷가에서 베드로에게 하셨던 것처럼 주님은 우리에게 영혼 양육의 사명을 위임하셨다. 따라서 우리는 목자로서 목장을 돌보고 인도하는 법을 알아야 한다. 목자는 안내자이지 설교자나 교수, 앞장서서 이끌어 나아가는 대장이 아니다. 목자는 목원들이 목적지에 도달할 수 있도록 섬기며 지도하는 안내자인 것이다. 이를 효과적으로 감당하기 위해 목자는 다음과 같이 준비되어야 한다.

1. 목장예배를 위한 철저한 준비

사전에 준비한 교안을 철저히 숙지하고 실제 모임을 가질 때에는 교안없이 진행할 수 있도록 한다. 많은 목장 리더들이 목장예배를 아무런 준비 없이 드리고 있다. 그러면 목장예배가 형식적이며 아무런 감동 없는 시간이 되고 만다. 목자는 목장예배에 성령이 임재하셔서 참석한 목원들이 많은 은혜와 감동을 받도록 기도로 충분히 준비해야 한다. 더불어 목자는 목원들이 열린 마음으로 목장예배에 올 수 있도록 사전에 전화나 문자, 심방 등의 섬김을 통해 좋은 관계를 유지해야 한다. 마지막으로 목원 각자를 위한 좋은 질문들을 준비함으로써 모든 목원들이 예배에 적극적으로 참여하고 나누도록 도와야 한다.

2. 모임 시간 엄수

목장 리더는 약속된 모임 시작 시간을 정확하게 지켜야 하고, 공식적인 모임의 마침 시간도 명확히 하여 급한 용무가 있는 사람이 자유롭게 일어설 수 있도록 배려해 주어야 한다.

3. 창의적인 질문

'예'나 '아니오'로 답할 수 있는 단답형 질문을 피하고, 목원들의 생각에 자극을 줄 수 있는 열린 질문들을 만들어 사용해야 한다.

예) 단답형 질문 : 엘리야는 어디에서 죽기를 구하며 탄식했을까요?

열린 질문 : 엘리야는 로뎀나무 아래 앉아서 죽기를 구하며 탄식했습니다. 당신의 로뎀나무는 무엇입니까?

4. 긍정적이고 열린 분위기

모임의 분위기가 논쟁으로 경직되지 않도록 이끌고, 긍정적이고 열린 분위기가 되도록 해야 한다. 가능하면 주제에 집중하고 논쟁거리가 될 만한 주제가 나오면 지혜롭게 넘어가도록 한다. 논쟁을 하게 되면 결국 모두가 상처를 입는 결과를 가져오게 된다. 이를 위해 자리 배치 역시 서로 얼굴을 볼 수 있는 원 형태로 앉도록 하여 상호 교류가 쉽게 이루어질 수 있게 한다. 인도자는 참여자들이 집중할 수 있도록 주의 깊게 배려해야 한다.

5. 참여의식과 지체의식

목원들이 은사에 따라 목장예배에서 자신의 역할을 감당하게 함으로써 참여의식과 지체의식을 느끼게 한다.

6. 방해 요소의 최소화

대화를 방해하는 '잡음'에 대해서도 미리 조처하고, 예상하여 예방함으로써 대화의 흐름이 끊겨 나눔이 방해받지 않도록 신경을 써야 한다. 전화 코드는 빼놓고, 문 앞에 "지금은 벨을 누르지 말아 주세요"라는 메모를 붙여둔다. 또한 휴대폰은 모두 끄도록 하여 모임을 위한 최상의 분위기를 만든다.

7. 비공식적인 만남을 통한 유대 관계

공식적인 모임 외에 비공식적인 만남의 시간을 통해 가족 공동체로서의 유대 관계를 견고히 해나간다.

8. 번식의 비전

'변화산 신드롬'(현재에 만족하여 머물러 있기를 원함)에 걸려 '우리끼리만 똘똘 뭉치는 암세포'가 되지 않도록 불신자들을 전도하여 번식하는 재생산의 비전을 심어준다.

목장에 참여해야 하는 이유

1. 가정교회(목장)는 말씀을 바르게 이해하고 삶에 적용하도록 돕는다

가정교회(목장)에서 본문에 대한 서로의 생각을 나누면 말씀을 바르게 이해하는 것과 실제 삶에 적용하게 하는 데 효과적이다.

2. 가정교회(목장)는 그리스도인 공동체의 진정한 구성원임을 느끼게 한다

가정교회(목장)는 초대교회처럼 서로 사랑하며 격려하고, 서로를 위해 기도하며 용납하고, 서로의 짐을 나누어지며 서로를 세워줌으로써 진정한 천국의 사랑과 기쁨을 경험하게 한다.

3. 가정교회(목장)는 기도를 의미 있게 한다

한 가족처럼 친밀한 가정교회 성도들은 서로에게서 효과적이며 응답 받는 기도를 배울 수 있다. 또한 가정교회 안에서 사랑으로 함께 기도할 때 성경 말씀처럼 더 많은 응답과 은혜를 체험할 수 있다.

4. 가정교회(목장)는 인생의 스트레스와 압력에
잘 대처할 수 있도록 돕는 역할을 한다

성도들이 위기와 변화, 스트레스 상황 가운에 처했을 때, 가정교회(목장)는 그것을 효과적으로 극복하는 데 큰 힘이 될 수 있다. 가정교회 성도들이 관심을 가지고 어떻게든 도와주려고 노력하며 격려할 때 안정감을 느낄 수 있게 된다. 또한 직장을 잃게 되었을 때, 질병 중에 있을 때, 뜻하지 않은 사고나 어려움을 당했을 때 가정교회인 목장를 통해 보살핌을 받았다는 간증들이 가정교회에 쌓이게 된다.

5. 가정교회(목장)는 복음을 전하는 일뿐 아니라
사랑과 관심으로 돌보고 양육하는 일도 함께 한다

가정교회(목장) 성도들이 함께 전도하고 사랑으로 섬기면 전도와 양육이 매우 효과적으로 이루어질 수 있다. 특히 교회에 나오길 꺼려하는 이웃들을 먼저 가정교회에 초대하여 섬기며 사랑을 나누다 보면 좀 더 쉽고 효과적으로 복음을 전할 수 있게 된다.

6. 가정교회(목장)는 예배를 더욱 깊이 있게 체험하도록 해준다

가정교회(목장)에서는 모든 성도가 예배의 참여자가 된다. 이처럼 모든 사람이 참여하는 예배를 하나님은 정말 기뻐하신다. 이러한 공동체의 예배에는 당연히 놀라운 은혜와 성령의 감동이 있다.

7. 가정교회(목장)는 각자의 은사와 리더십을 발견하고 개발하도록 돕는다

가정교회(목장)안에서 자신의 은사를 활용하여 섬기다 보면 하나님이 주신 은사와 리더십을 새롭게 발견하고 더욱 더 개발할 수 있게 된다.

2장
리더를 키워내는
소그룹

"또 그의 종 다윗을 택하시되 양의 우리에서 취하시며

젖 양을 지키는 중에서 그들을 이끌어 내사 그의 백성인 야곱, 그의 소유인

이스라엘을 기르게 하셨더니 이에 그가 그들을 자기 마음의 완전함으로

기르고 그의 손의 능숙함으로 그들을 지도하였도다" 시편 78:70-72

목자의 정체성

하나님은 목자요, 우리는 그가 기르시는 양이다 시 23:1, 95:7. 그런데 하나님은 어느 시대나 그분의 백성을 기르기 위하여 동역할 목자를 찾으신다 시 78:70-72. 목자는 그분의 양들을 함께 돌볼 하나님의 동역자로 하나님은 양들을 동역자인 목자에게 맡기셨다 요 21:15-19.

"여호와는 나의 목자시니 내게 부족함이 없으리로다" 시편 23:1

"그는 우리의 하나님이시요 우리는 그가 기르시는 백성이며 그의 손이 돌보시는 양이기 때문이라 너희가 오늘 그의 음성을 듣거든" 시편 95:7

"또 그의 종 다윗을 택하시되 양의 우리에서 취하시며 젖 양을 지키는 중에서 그들을 이끌어 내사 그의 백성인 야곱, 그의 소유인 이스라엘을 기르게 하셨더니 이에 그가 그들을 자기 마음의 완전함으로

기르고 그의 손의 능숙함으로 그들을 지도하였도다" 시편 78:70-72

"그들이 조반 먹은 후에 예수께서 시몬 베드로에게 이르시되 요한의 아들 시몬아 네가 이 사람들보다 나를 더 사랑하느냐 하시니 이르되 주님 그러하나이다 내가 주님을 사랑하는 줄 주님께서 아시나이다 이르시되 내 어린 양을 먹이라 하시고 또 두 번째 이르시되 요한의 아들 시몬아 네가 나를 사랑하느냐 하시니 이르되 주님 그러하나이다 내가 주님을 사랑하는 줄 주님께서 아시나이다 이르시되 내 양을 치라 하시고 세 번째 이르시되 요한의 아들 시몬아 네가 나를 사랑하느냐 하시니 주께서 세 번째 네가 나를 사랑하느냐 하시므로 베드로가 근심하여 이르되 주님 모든 것을 아시오매 내가 주님을 사랑하는 줄을 주님께서 아시나이다 예수께서 이르시되 내 양을 먹이라 내가 진실로 진실로 네게 이르노니 네가 젊어서는 스스로 띠 띠고 원하는 곳으로 다녔거니와 늙어서는 네 팔을 벌리리니 남이 네게 띠 띠우고 원하지 아니하는 곳으로 데려가리라 이 말씀을 하심은 베드로가 어떠한 죽음으로 하나님께 영광을 돌릴 것을 가리키심이러라 이 말씀을 하시고 베드로에게 이르시되 나를 따르라 하시니" 요 21:15-19

1. 목자는 영적아비이다(고전 4:15)
바울은 고린도전서 4장 15절에서 "그리스도 안에서 일만 스승이 있으되 아버지는 많지 아니하니 그리스도 예수 안에서 내가 복음으로써 너희를 낳았음이라"고 고백한다. 목장(소그룹)에서 양(목원)들의 영혼을 책임진 목자는 스승이라기보다는 영적아비요, 어미이다. 부모는 스승과 달리 끝까지 책임지며 희생을 감수한다. 이처럼 목자도 영적 부모이기 때문에 부모의 마음으로 목원의 영적 성장을 위해 끝까지 희생하며 기도하고 섬겨야 한다. 다시 말해, 목자는 가르치고 지적하고 혼내는 스승의 리더십이 아니라 끝까지 사랑하고 돌보고 희생하는 부모의 리더십을 가져야 한다.

2. 목자는 양떼를 맡은 사람이다(요 21:15)

요한복음 21장 15절에서 예수님은 베드로에게 "내 어린 양을 먹이라"고 말씀하셨다. 이는 목자직의 위임이라고 말할 수 있다. 예수님은 베드로에게 양떼를 맡기신 후 승천하셨다. 양은 스스로를 보호할 수 없고 독립해서 혼자 살 수도 없다. 양은 오직 목자의 보살핌과 인도 속에서만 편안하게 살 수 있는 것이다. 그러므로 양에게는 돌보고 보살피는 목자가 절대적으로 필요하다. 갓난아기가 어머니 품에서 버려지면 살 수 없듯이 어린 양도 목자가 없으면 살 수 없다.

우리 제자들교회에서는 목자를 파송할 때 다음의 말씀을 액자에 넣어 임명장을 대신한다.

"네 양 떼의 형편을 부지런히 살피며 네 소 떼에게 마음을 두라."

잠언 27:23

3. 목자는 양들의 모범이다(벧전 5:2-3)

베드로전서 5장 2-3절은 "너희 중에 있는 하나님의 양 무리를 치되 억지로 하지 말고 하나님의 뜻을 따라 자원함으로 하며 더러운 이득을 위하여 하지 말고 기꺼이 하며 맡은 자들에게 주장하는 자세를 하지 말고 양 무리의 본이 되라"고 말씀하고 있다.

어떻게 신앙생활을 해야 하는지, 어떻게 예배드려야 하는지, 어떻게 가정생활은 해야 하는지, 사회에서는 어떻게 하나님과 동행하는지, 하나님과의 관계뿐 아니라 사람들과의 관계를 어떻게 맺으며 살아야 하는지를 말로만 가르치는 것이 아니라 실제 삶으로 보여주어야 한다. 가정에서 자녀들이 부모의 삶과 성품을 저절로 닮아가듯이 목원들은 목자의 신앙생활을 그대로 닮아간다. 제자훈련을 하면서 성도들에게 "앞으로 누구처럼 신앙생활 하고 싶은가?"라고 물어보면 대부분 "내 신앙의 롤 모델(자기가 해야 할 일이나 임무 따위에서 본받을 만하거나 모범이 되는 대상)은 우리 목자입니다"라고 대답한다. 이처럼 목장은 가르치는 곳이 아니라 참된 신앙생활을 보여주는 곳이다.

목자의 자격

성경에서 우리는 목자의 두 유형을 발견할 수 있다. 바로 선한 목자와 삯꾼 목자이다. 선한 목자는 양들을 위하여 목숨을 버린다. 그러나 삯군 목자는 자신의 이익이 우선이다. 따라서 자신의 역할을 적당히 때우려고만 한다. 우리는 예수님처럼 선한 목자가 되어야 한다. 그러기 위해서 목자는 무엇보다 주님의 제자로 결단하고 헌신된 사람이어야 한다. 목자가 먼저 제자가 되어야 또 다른 제자를 길러낼 수 있기 때문이다.

1. 자기 부인(눅 14:26-27)

목자는 양을 위해 자신이 누릴 권리를 포기한 사람이다. 이것이 양을 위한 헌신이요, 자기 부인이다. 목자는 주님의 동역자요, 목양의 권한을 위임받은 자로서 양을 위해 아낌없이 자신을 주는 사람이어야 한다. 이러한 헌신은 시간, 물질, 마음 등 나의 모든 것이 주님의 것이라는 고백으로부터 출발한다.

> "무릇 내게 오는 자가 자기 부모와 처자와 형제와 자매와 더욱이 자기 목숨까지 미워하지 아니하면 능히 내 제자가 되지 못하고 누구든지 자기 십자가를 지고 나를 따르지 않는 자도 능히 내 제자가 되지 못하리라" 누가복음 14:26-27

2. 사랑(요일 4:16, 롬 5:8, 요 13:34)

성경은 하나님은 사랑이라고 말한다. 사랑으로 인간을 위해 목숨까지 내어주신 예수님처럼 목자는 사랑으로 목원들뿐 아니라 불신자들까지 사랑해야 한다. 이것은 선택사항이 아니라 목자의 의무이자 특권이다.

"하나님이 우리를 사랑하시는 사랑을 우리가 알고 믿었노니 하나님은 사랑이시라 사랑 안에 거하는 자는 하나님 안에 거하고 하나님도 그의 안에 거하시느니라" 요한일서 4:16

"우리가 아직 죄인 되었을 때에 그리스도께서 우리를 위하여 죽으심으로 하나님께서 우리에 대한 자기의 사랑을 확증하셨느니라" 로마서 5:3

"새 계명을 너희에게 주노니 서로 사랑하라 내가 너희를 사랑한 것 같이 너희도 서로 사랑하라" 요한복음 13:34

① 전심으로 하나님을 사랑해야 한다.

"네 마음을 다하고 목숨을 다하고 뜻을 다하고 힘을 다하여 주 너의 하나님을 사랑하라 하신 것이요" 마가복음 12:30

② 뜨겁게 목원들을 사랑해야 한다.

"둘째는 이것이니 네 이웃을 네 자신과 같이 사랑하라 하신 것이라 이보다 더 큰 계명이 없느니라" 마가복음 12:31

■ 그 사랑은 목자로 하여금 목원들을 위해 매일 기도하도록 만든다.

- 그 사랑은 어려움을 당하는 목원들을 향해 불쌍히 여기는 마음을 갖게 한다.
- 그 사랑은 목장이 계속해서 성장해 가도록 도전을 준다.
- 그 사랑은 이웃의 불신자들에게 복음을 들고 나아가게 한다.

3. 모범적인 생활(마 7:17-20)

열매를 보고 그 나무의 수준과 좋고 나쁨을 알 수 있다. 좋은 그리스도인은 그 삶에 좋은 열매가 나타난다. 좋은 목자는 주위 사람들에게 본이 되는 사람이다. 만약 말과 행동이 다르고, 본받을 만한 생활과 태도가 없다면 돌이켜야 한다. 좋은 목자가 되기 위해서는 노력과 훈련이 필요하다.

이와 같이 좋은 나무마다 아름다운 열매를 맺고 못된 나무가 나쁜 열매를 맺나니 좋은 나무가 나쁜 열매를 맺을 수 없고 못된 나무가 아름다운 열매를 맺을 수 없느니라 아름다운 열매를 맺지 아니하는 나무마다 찍혀 불에 던져지느니라 이러므로 그들의 열매로 그들을 알리라

4. 성실한 삶

지도자가 카리스마와 재능을 가진 사람이라도 신실함이 없다면 신뢰할 수 없다. 지도자가 신뢰를 얻지 못한다면 그의 영향력은 반감될 수밖에 없다. 그러므로 목자는 무엇보다 성실해야 한다.

① 교회의 지체로서 성실해야 한다. 예배에 성실해야 하며 십일조 및 헌금생활에 성실해야 한다.

② 가정과 모든 삶의 자리직장, 사업, 봉사 등에서 성실해야 한다. 최선을 다하는 모습을 통해 가족과 주위 사람들에게 존경과 인정을 받아야 한다.

③ 기도와 말씀을 통해 하나님과의 사귐과 소통에 성실해야 하다. 늘 기도하고 말씀을 묵상할 때 우리는 모든 삶의 문제를 해결하고 생명의 열매를 맺을 수 있다. 또한 기도와 말씀에 성실한 사람만이 하나님을 깊고 바르게 알 수 있고 그 뜻에 따라 살아갈 수 있다.

목자의 역할

목자의 사역은 전도와 돌봄이다. 목자는 목원들이 전도대상자를 어떻게 섬기고 도왔는지를 알아야 하며 전도대상자들의 영적 상태를 항상 파악해야 한다. 그리고 목원들이 기도의 용사, 전도의 용사가 될 수 있도록 격려하며 중보해야 한다

① 목원을 위한 섬김과 돌봄이 있어야 한다. 한 주간 동안 주중에도 목원들과 일대일의 의미 있는 만남이 지속되어야 한다. 한 주간 내내 무관심하다가 목요일이나 금요일에 심방한다면 목원

을 관리하는 차원에 그치는 것이다. 이렇게 목원을 관리하면 목원은 절대로 변하지 않는다. 관리하려고 하지 말고 섬김과 돌봄으로 목원을 사랑해야 한다.

② 목원들과 대화 할 때 '왜'라는 말을 쓰지 말아야 한다.

　　예) "지난 주일날 '왜' 예배 드리러 안 왔어?"

　　　　└. "지난 주일 날 안 보이던데 무슨 일 있었어?"

③ 예배를 은혜스럽게 준비해야 한다. 소그룹 예배가 4W의 형식으로 모두가 참여하는 예배가 될 수 있도록 준비해야 한다.

③ 목자 자신의 영향력만으로 사역이 어려울 때는 반드시 교구장이나 담당 목사에게 도움을 요청해서 협력적인 사역이 이루어질 수 있도록 해야 한다.

③ 목자는 목원들이 전도대상자를 정하여 품을 수 있도록 이끌어 주어야 하며 목원들이 전도대상자를 섬기고 도울 때 함께 만나는 역할을 해야 한다.

③ 목장은 교회 안의 작은 교회다. 목자들이 교역자들을 돕는 것이 아니라 교역자들이 목자들을 섬기고 사역을 잘 할 수 있도록 돕는 것이다.

제자들교회 목자 양성과정

한 성도를 온전하게 양육하기 위해서는 성도의 신앙 상태에 따른

훈련과정이 필요하다. 교회에 등록하기 전 태신자로 등록되었다가
교회에 나와서 새신자가 되고, 세례와 훈련을 받은 후 직분을 받고
평신도 사역자가 되기까지 교회 안에 단계별 훈련과정이 있어야 한
다. 새신자가 훈련과정을 거치면서 몇 년 후에 훌륭한 평신도 사역
자로 세워지게 하는 것이다. 현재 제자들교회에서 평신도 사역자로
사역하는 목자들은 처음에 교회에 왔을 때 다양하고 화려한 경력의
소유자들이었다. 하지만 제자훈련과정을 거치는 동안 말씀으로 다
듬어지고 훈련되어 지금은 멋진 주님의 일꾼들이 되었다. 제자들교
회 제자훈련과정은 다음과 같다.

"가서 모든 족속으로 제자를 삼으라"는 예수님의 마지막 명령대
로 제자들교회의 영원한 표어는 '불신자를 전도하여 제자 삼는 교회'

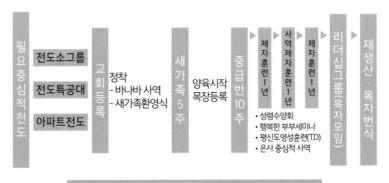

제자들교회 훈련과정(PROCESS)

이다. 그래서 어린이와 청소년, 청년과 장년에 이르기까지 새신자들을 철저하게 훈련시키고 있다.

① 전도

제자들교회가 주력하는 전도프로그램은 전도소그룹이다. 온 교회가 봄과 가을, 1년에 2회, 전 목장에서 함께 전도소그룹 시행한다. 또한 성도들이 지역사회에서 전도대상자를 찾는 전도의 야성(野性)을 기를 수 있도록 여러 팀의 전도대를 운영하고 있다. 주말을 제외하고는 거의 매일 담당 교역자의 인도 아래 전 지역에서 전도가 이루어진다. 그리고 교회에서 가까운 아파트단지에는 목장식구들과 매주 한 번씩 전도하는 자발적인 전도팀이 5~6개 있다.

② 바나바 사역(새신자 정착 사역)

제자들교회는 새신자가 등록하면 바로 그날부터 바나바 사역이 시작된다. 새신자가 등록카드를 내면 곧바로 바나바 사역 담당자가 어느 목장의 누구에게 바나바 사역을 맡길 것인지를 새신자를 인도한 인도자, 담당 목자, 담당 교구장과 함께 상의한다. 그리고 주일예배 후 담임목사의 새신자 면담 때 새신자에게 바나바를 연결해 주고 새신자를 5주 동안 섬기도록 한다.

바나바 사역은 바나바 훈련을 받은 성도가 새신자를 친절과 사랑으로 섬기면서 새신자에게 교회와 성도들을 소개하고 안내해 주는 사역이다. 5주의 섬김이 끝나면 주일예배 때 새가족 환영식을 하는

데 전교인 앞에서 꽃바구니를 선물하며 목장식구들과 함께 정식으로 환영한다. 새가족 환영식을 마친 새신자는 담임목사가 교역자들과 함께 새신자 심방을 한다. 이렇게 바나바 사역과 새가족 환영식을 통과한 새신자는 거의 교회에 정착한다고 볼 수 있다.

제자들교회에는 바나바 훈련을 받고 언제라도 바나바 사역을 할 수 있는 성도가 각 목장별로 2~3명씩, 총 300여 명 있다. 지금 한국교회의 어려움은 전도가 어려운 것도 있지만 너무 낮은 정착률도 큰 문제이다.

한국교회의 새신자 정착률은 대개 10~20퍼센트라고 한다. 즉 10명의 새신자가 등록하면 1년 이내에 모두 교회를 떠나고 1명 내지 2명만 남는 것이다. 여기에는 여러 가지 이유가 있겠지만 나는 새신자 정착 사역이 어려움을 겪고 있기 때문이라고 생각한다. 반면 우리 제자들교회는 바나바 사역을 담당하는 헌신된 성도들의 수고로 70퍼센트에 가까운 정착률을 보이고 있다. 바나바 사역에 대해서는 뒤에 다시 설명하겠다.

③ 새가족 교육(5주)

바나바 사역과 새가족 환영식을 마치면 목장에 소속된다. 또한 목자와 담당 교구장의 안내로 새가족 교육을 받게 된다. 새가족 교육은 주일예배 후 1시간 정도로 5주에 걸쳐 진행되는데, 주로 '교회란 무엇인가' '예수님은 누구신가' '성경은 무엇인가' 등을 교육한다. 이 기간 동안의 핵심 과제는 새가족에게 구원의 확신을 심어주는 것이다.

④ 중급반(10주)

새가족 교육이 초급반이라면 다음으로 중급반 교육이 3월과 9월에 10주간에 걸쳐 진행된다. 이 과정은 제자훈련 과정으로 들어가기 전 신앙생활의 기초를 다지는 기간으로, 구원의 확신을 다시 한번 점검하고 예배, 기도, 봉사, 전도, 헌금, 성도간의 교제 등 기초적인 신앙생활에 대해 배우는 것이 목적이다. 중급반은 매주 화요일 낮 반과 저녁 반으로 나누어 진행되는데, 부목사들이 소그룹으로 교육하며, 교육을 돕는 도우미 성도들이 간식과 교육 준비 등으로 섬긴다.

⑤ 제자훈련(1년)

제자훈련은 본격적으로 제자를 만들어가는 훈련이다. 2월부터 12월까지 소그룹으로 나누어 부목사들, 담임목사, 사모가 훈련을 담당한다. 제자훈련을 받는 성도는 이 기간에 매주 1회 제자훈련, 새벽기도회, 성령수양회, 행복한 부부세미나, 평신도 영성훈련TD 등을 필수적으로 참여해야 하며, 은사 점검표를 통해 찾아낸 자신의 은사에 맞게 교회 안에서 1인 1사역을 해야 한다. 이러한 훈련과정을 통해 단순히 성경을 지식으로만 습득하는 것이 아니라 삶의 습관이 성경적으로 변화되어 진정한 그리스도의 제자로 살아가도록 돕는다.

⑥ 사역훈련(1년)

사역훈련은 사역자로서 준비되는 과정이다. 제자훈련을 수료한 성도들을 낮 반과 저녁 반으로 나누어 담임목사가 직접 1년간 훈련한다. 훈련 내용도 중요하지만 예비 평신도 지도자들과 담임목사의 관계 형성이 무엇보다 중요하다.

⑦ 신입 목자훈련(5주)

제자들교회는 목장예배 참석인원이 12명이 되면 목장을 둘로 나누어 분가를 하게 한다. 이때 분가될 새로운 목장을 섬길 신입 목자들을 5주 정도 담임목사가 직접 훈련하는데 1년에 2~3회, 각 10명 정도씩 모아서 주로 주일 오후에 진행한다.

⑧ 전체 목자훈련(리더십 그룹)

1년에 한 번, 1박 2일의 전체 목자 MT가 있다. 전교역자들과 목자들이 1박 2일 동안 함께 기도하고 교제하는 나눔과 소통의 시간이다. 평상시 전체 목자훈련은 분기마다 1번 정도 주일 오후에 담임목사와 부목사들이 하고 있다.

요한 웨슬리는 교회에서 소그룹을 크게 두 가지로 운영했다. 하나는 모든 사람이 들어갈 수 있는 소그룹open small group이고, 또 다른 하나는 헌신된 사람만이 들어갈 수 있는 소그룹 밴드close small group이다. 제자들교회도 이처럼 모든 성도들이 목장에 들어갈 수 있지만, 목자들과 담당 교구장들이 모이는 목자예배가 따로 있다.

목자들은 매주 담당 교구장과의 목자예배, 목원들과의 목장예배 이렇게 두 번의 소그룹 예배를 드린다. 이렇게 매주 담당 교구장과 목자들이 예배를 드리며 충분한 나눔을 갖기 때문에 매주 목자 교육을 따로 하지는 않는다.

3장

전도하는 소그룹

"아들과 성령의 이름으로 세례를 베풀고

내가 너희에게 분부한 모든 것을 가르쳐 지키게 하라 볼지어다

내가 세상 끝날까지 너희와 항상 함께 있으리라 하시니라"

마태복음 28:19-20

교회의 목적

하나님이 성도들, 즉 교회를 부르신 데에는 특별한 목적이 있다.
바로 주님이 공생애 기간 동안 일관되게 강조하셨던 '하나님 나라'를
이루어 가는 것이다. 하나님 나라의 확장이 제자된 우리의 유일한
목적이다. 하나님 나라의 확장이라는 목적을 위해서 '가서 제자 삼
는 사역'을 해야 하며, 제자 삼는 사역을 위해서 '전도'와 '훈련'을 하
는 것이다. 그러므로 교회는 세상에 나가 더욱 많은 불신자들을 전
도하여 제자 삼는 일을 해야 하며, 그들을 목자로 세워가야 한다.

등대지기 이야기

18세기에 실제로 있었던 한 등대지기의 이야기이다.

그 날도 등대지기는 거친 파도가 몰아치는 바다에서 외로이 등대
를 지키고 있었다. 그런데 남루한 옷차림의 할머니 한 분이 찾아와
서는 며칠째 굶어서 죽을 지경이니 기름을 조금만 나누어 주면 팔아
서 끼니를 때우겠다고 사정했다. 할머니가 너무 불쌍해서 마음씨 좋

은 등대지기는 등대의 기름을 조금 덜어주었다. 며칠 뒤 등대지기의 친한 친구가 찾아와서 급한 일이 있어서 어디를 가야 되는데 기름이 떨어져서 차가 움직일 수가 없으니 기름을 조금만 달라고 애원했다. 등대지기는 차마 거절할 수 없어 기름을 나누어 주었다. 그리고 잠시 후 이번에는 등대지기의 아내가 찾아와 아들의 등록금을 아직 내지 못했는데 아버지가 되어서 도대체 어떻게 할 것이냐며 닦달을 했다. 하는 수 없이 등대지기는 등대의 기름을 팔아서 돈을 마련해 주었다.

그날 밤 폭풍과 파도가 유난히 거세게 몰아쳤다. 매우 험하고 무서운 밤이었다. 다음날 아침, 놀라운 소식이 들려왔다. 어젯밤 바다에서 큰 배 한 척이 침몰하여 수많은 사람들이 죽었다는 것이다.

그 배가 폭풍과 싸우며 거친 밤을 보내는 동안 빛을 비추어 배가 안전하게 항구로 인도해 주어야 할 등대가 꺼져 있었던 것이다. 등대지기는 할머니에 대한 동정과 친구에 대한 인간적인 정, 그리고 가족에 대한 책임감 때문에 등대의 기름을 다 써버리고 말았다. 그리고 정작 등대의 불빛을 가장 필요로 하는 그 시간에는 기름이 없어서 등대에 불을 밝히지 못했고, 그로 인해 큰 배 한 척이 어둠 속을 헤매다가 침몰하고 말았던 것이다.

오늘날 교회와 성도들이 깊이 생각해 보아야 할 교훈이 담겨있는 이야기다. 교회는 해야 할 일이 많다. 구제와 봉사, 성도들을 위한 각종 프로그램, 사회에 대한 역할과 참여 등 일일이 열거할 수 없을 정도다. 그러나 교회가 해야 할 가장 중요한 일은 '전도'하는 것이다. 복음을 전하여 그리스도의 제자를 삼는 일이야말로 교회에게 주어진 최우선 과제이다. 왜냐하면 이것이 하나님이 교회를 세우신 목적이요 지상명령이기 때문이다. 비본질적인 일을 하느라 바쁘고 힘들어서 본질적인 일을 못한다면 어리석은 것이다.

① 교회는 전도하여 제자 삼는 곳이다.

"그러므로 너희는 가서 모든 민족을 제자로 삼아 아버지와 아들과 성령의 이름으로 세례를 베풀고 내가 너희에게 분부한 모든 것을 가르쳐 지키게 하라 볼지어다 내가 세상 끝날까지 너희와 항상 함께 있으리라 하시니라" 마태복음 28:19∼20

빵 공장이 빵을 만들지 않으면 빵 공장이 아니듯 교회가 전도하고 제자 삼는 데는 관심 없고, 자기들끼리만 사랑하고 친목하는 데 만족한다면 그것은 세상의 동호회지 교회가 아니다. 그러므로 교회의 모든 사역과 프로그램은 전도하고 제자 삼는 일에 집중되어야 한다.

② 교회는 성도를 온전케 하여 봉사(목양)하게 하는 곳이다.

"그가 어떤 사람은 사도로, 어떤 사람은 선지자로, 어떤 사람은 복

음 전하는 자로, 어떤 사람은 목사와 교사로 삼으셨으니 이는 성도

를 온전하게 하여 봉사의 일을 하게 하며 그리스도의 몸을 세우려

하심이라" 에베소서 4:11-12

전도 못지않게 중요한 것이 한 영혼을 온전하게 만들어 일꾼이 되
게 하는 것이다. 전도하여 교회 안에 들어온, 천하보다 귀한 영혼을
말씀으로 잘 훈련하여 예수님의 제자로 봉사하며 살아가게 하는 것
이 교회를 세우신 주님의 목적이다. 에베소서 4장 12절에서 언급되
고 있는 '봉사'는 '목양ministry'을 말한다. 지금까지 전통교회에서
목양은 교역자들의 몫이었다. 평신도들의 봉사는 성가대, 교회학교
교사, 속장(구역장)으로서 예배를 인도하는 일 정도였다. 그러나 초대
교회는 교역자(사도)가 말씀과 기도에 전무하기 위해 평신도 지도자
들을 세웠고, 이렇게 세워진 평신도 지도자들이 가정교회에서 목양
을 전담했다. 이것이 성경에 나타난 초대교회의 모습이다.

전도에 무지한 교회

'전도'하면 무슨 생각이 드는가?'라는 질문에 많은 성도들은 부담
감과 죄책감, 어렵다 등의 부정적인 생각이나 '전도는 전도왕이나
하는 것이지 나같이 수줍음 많은 사람은 어렵다'는 생각을 한다. 그
리고는 전도를 하지 못하는 수많은 이유들을 쏟아 낼 것이다. 이것

은 많은 성도들이 전도에 대한 부담감은 가지고 있지만, 구체적인 전도 방법은 모르고 있다는 사실의 반증이다. 아직도 많은 성도들이 전도는 특정 은사를 가진 성도만이 할 수 있는 사역이며, 교회에서 일 년에 한두 번 시행하는 행사나 프로그램 정도로 인식하고 있다. 이처럼 전도가 생활화되지 못한 채 형식적인 프로그램으로 남아 교회의 구색이나 맞추고 있는 현실이 지금 한국교회의 가장 큰 문제이다.

빌리 그래함 복음주의협의회Billy Graham Evangelistic Association, BGEA의 통계에 따르면 일회성의 대규모 전도 집회나 특별한 은사가 있는 사람이 많은 사람을 대상으로 한 전도보다 모든 성도가 생활 속에서 관계를 통해 전도했을 때, 전도율이 더 높다는 결과가 나왔다. 또한 교회성장학자 피터 와그너Peter Wagner가 시행한 통계에 의하면 대형 전도 집회 후 예수님을 영접한 사람이 일 년 뒤 교회에 남는 숫자는 전체 회심자의 0.6퍼센트뿐이었다. 그러나 성도들이 생활 속에서 관계를 통해 전도했을 때는 평균 16퍼센트가 계속적으로 교회에 출석한 것으로 조사되었다. 이처럼 전도는 프로그램보다는 생활로 하는 것이 더 효과적이다. 그럼에도 여전히 많은 교회들이 지금까지의 전도에 대한 객관적인 평가 없이 전도에 대한 막연한 환상과 통념에 사로잡혀 효과 없는 기존의 방법만을 답습하고 있다.

전도에 대한 패러다임의 대전환

이전의 전도 패러다임으로는 이 시대 사람들을 전도하기 쉽지 않다. '전도'하면 부담스러운 마음이 더 크게 느껴지는 것은 이전의 전도 패러다임이 다음과 같은 네 가지의 잘못된 신화에 묶여 있기 때문이다. 아래의 표를 통해 이를 확인하고 개선한다면 전도의 실제적인 열매를 맺을 수 있을 것이다.

	잘못된 신화	사실	실천
누가	전도는 낯선 사람을 접촉하는 것이다	대부분의 사람들은 관계있는 사람들을 통해 그리스도께 나아온다.	- 가까운 사람들 찾기 - 사랑과 기도를 집중
어떻게	전도는 옳은 것을 말하는 것이다.	사람들은 사랑의 행위와 말을 통하여 예수님을 믿었다.	- 필요 채워 주기 - 그리스도의 사랑 표현 (사랑의 말 한마디) - 섬김과 관계
언제	회심은 즉각적인 것이다.	예수님께 나아오는 것은 일상의 과정으로 시간이 걸리며 다양한 메시지를 들어야 한다.	- 여러 사람들과 함께 시간 보내기 - 지속적인 섬김과 사랑
몇 사람	단지 한 사람에 의해 예수님께 인도된다.	불신자가 그리스도인들을 많이 알수록 빨리 신자가 될 수 있다.	- 그리스도인들에게 불신자 소개 - 함께 관계 세우기

① 대부분 전도는 낯선 사람을 접촉하는 것이라고 오해한다. 그러나 교회성장연구소에서 14,000명에게 설문조사한 결과 새 신자의 95퍼센트 이상이 친구 혹은 친척을 통해 교회에 나왔다

고 대답했다. 그런데 그동안 교회는 전도의 에너지를 낯선 사람들에게 쏟아왔다. 따라서 효과적인 전도로 열매를 거두려면 교회와 성도들이 현재 관계를 맺고 있는 사람들에게 집중해야 한다.

② 전도는 논리 정연하게 복음을 설명하는 것이라고 오해한다. 그러나 사실 교회에 등록한 사람들을 보면 복음에 대한 논리적인 설명을 듣고 감동해서 나온 사람은 극소수이다. 대부분의 사람들은 그리스도인의 사랑과 섬김, 즉 그들의 필요를 채워주며 인도할 때 교회에 나왔다. 그러므로 말로 복음을 전하기 전에 먼저 전도대상자와 관계를 세우고 사랑으로 섬기며 그들의 필요를 찾아 채워줘야 한다.

③ 대부분 전도는 즉각적인(1회적인) 사건이라는 생각한다. 설문조사 결과 불신자는 7번 정도 전도를 위한 만남을 가졌을 때 마음이 움직였다고 한다. 즉 전도는 일회적인 사건이 아니라 시간을 두고 진행되는 과정인 것이다. 농부가 농사를 짓듯 전도대상자를 위해 기도하며 관계를 세우고, 사랑으로 섬기고 필요한 부분을 채워줄 때 전도가 이루어진다. 전도대상자의 마음 밭은 딱딱한 길가나 자갈밭이나 가시덤불 밭이다. 그러므로 씨를 뿌리기 전에 먼저 사랑과 섬김으로 마음 밭을 옥토로 만들어야 한다.

④ 한 사람에 의해 불신자가 그리스도께로 인도된다는 생각 또한 오해이다. 불신자가 그리스도인들을 많이 알면 알수록 그리스도인이 될 확률이 높아진다. 다시 말해 소그룹목장에서 성도들

이 함께 불신자를 만나 사귀고 관계를 세울 때 전도의 열매를
거두기 쉬워진다.

전도에 대한 이전 패러다임은 '낯선 사람에게, 옳은 것을 말하며,
일회적으로, 한 사람에 의해'였다. 그러나 사실 전도는 '이미 관계가
있는 사람에게, 사랑을 실천함으로, 여러 번에 걸쳐서, 그룹으로써'
이루어지는 것이다.

그리스도를 영접하게 된 경로

교회성장연구소가 실시한 설문조사 중 "당신은 누구의 인도를 통
해 예수님을 믿고 교회에 등록하였습니까?"라는 질문에 대한 응답
은 다음과 같다.

특별한 필요	1~2%
스스로	2~3%
목사	5~6%
가정심방	1~2%
주일학교	4~5%
총력전도주일(전도집회)	0.5%
교회프로그램	2~3%
친구 혹은 친척	75~90%

대부분의 사람들은 주변 사람들에 의해 예수님을 영접하였다. 예를 들면 친구, 이웃, 직장동료, 급우, 친척들로 이들은 모두 순수한 관심을 가지고 전도대상자를 섬기면서 복음과 삶을 나눈 사람들이었다. 그러므로 가장 자연스럽고 효과적인 전도는 전도소그룹을 통한 관계전도인 것이다.

전도와 번식을 경험하는 소그룹의 3가지 특성

전도는 '함께, 여러 번, 관계가 있는 사람에게, 사랑을 실천함으로써' 경험하게 되는 특별한 축복이다. 그러므로 전도의 새로운 패러다임에 충실한 건강한 소그룹에는 3가지 특성이 있다.

첫째, 전도를 행사가 아니라 과정으로 이해하고 있다는 점이다. 전도는 일회적인 행사가 아니다. 전도는 농사를 짓는 농부의 마음으로 과정을 밟아 가는 것이다. 전도와 번식을 경험하는 소그룹은 전도를 삶의 일부로 자연스럽게 받아들이고 있었다. 기억하라. 전도는 프로그램이 아니라 과정이다.

둘째, 전도의 결과에 있어서 회심에만 관심을 두지 않고, 제자훈련에 더 큰 비중을 두고 있다는 점이다. 대부분의 교회는 회심에만 지나치게 관심을 둔 나머지 회심한 이들을 자연스럽게 사역으로 이끌어 가지 못하고 있다. 그래서 갓 회심한 초심자의 순수한 열정이 그대로 식어 버린다. 하지만 전도와 번식을 경험하는 소그룹은 회심 즉시 제자훈련을 통한 번식에 큰 관심을 가진다. 하나님 역시 그들이 즉시 전도에 동참하길 원하신다. 사도행전 2~3장을 보라. 회심을 경험한 이들이 즉시 또 다른 전도를 하고 있지 않은가?

셋째, 전도를 하는 방법에 있어 지식의 전달보다는 관계를 세우는 데 중점을 둔다. 전도는 내 안에 있는 예수님을 관계를 통해서 보여 주는 것이다. 설명이나 설득이 아니다. 많은 사람들이 전도에 대해 부담스러워 하는 이유가 여기에 있다. 능숙하게 설명하고 설득할 자신이 없기 때문이다. 앞에서도 여러 번 강조했지만 전도는 결코 설명이 아니다. 전도는 단지 관계를 세워 가는 것이다.

나와 가까운 사람에게 사랑을 실천함으로써 관계를 세워 가는 것이 전도다. 그들로 하여금 나의 변화를 보고 관심을 갖게 함으로써 전도가 이루어지는 것이다. 즉 전도는 관계를 통해 영향력이 전달되어 가는 과정이다. 우리는 빛 가운데 있고 그들은 어둠 가운데 있다. 하지만 분명 그들도 빛을 고대하고 있다. 우리와 맺은 관계의 다리를 통해 그들 역시 빛을 발견할 수 있을 것이다.

21세기 전도의 대안:
전도소그룹

오늘날 교회의 최대 고민은 전도가 어렵고 잘 안 된다는 것이다.

도시 교회에 새로 등록하는 교인들은 이 교회 저 교회를 떠도는 철새교인인 경우가 대부분이다. 또한 열심히 전도해서 새신자를 교회에 등록시킨다 해도 정착률은 5~17퍼센트 정도 이내이다. 더 심각한 문제는 교회 안에 젊은 세대들이 점점 줄어가고 있는 현실이다. 또한 여전히 복음의 사각지대에 놓여 있는 불신자들이 적지 않는데, 이전까지 해오던 방식으로는 이들을 불러낼 수 없다는 사실이다.

주님의 지상명령인 전도가 이제는 교회들마다 풀지 못하는 숙제가 되었다. 이러한 호소와 탄식을 들을 때면 필자는 감히 이 시대의 대안은 '전도소그룹'이라고 말한다. 아파트 문화, 핵가족 시대, 첨예한 도시화 현상과 개인주의적 성향, 갈수록 복잡하고 삭막해져 가는 현대인들에게는 전도소그룹을 통해 함께 섬기는 관계전도가 확실한 대안이다.

전도소그룹을 실행해 오면서 제자들교회에는 참 많은 변화가 있었다. 우선 교회와 목장과 기관의 분위기가 사랑과 섬김으로 바뀌었다. 그리고 전교인이 전도자가 되었다. 제자들교회에서는 전도가 특정한 한두 명의 전유물이 아니다. 전교인이 목자소그룹 리더를 중심으로 목장소그룹을 이루어 함께 전도대상자를 찾고 기도하며 직접 찾아가 섬기고 초청하여 목장소그룹에서 사랑으로 교제한 다음 교회로 인도하기 때문에 모두가 전도의 구경꾼이 아니라 주인공이다. 교회 안의 소그룹들을 전도소그룹으로 만들면 건강한 교회와 교회의 부흥이라는 두 마리 토끼를 잡을 수 있다. 21세기 전도의 대안은 소그룹에서 함께 하는 관계전도, 즉 전도소그룹이다.

전도소그룹
실행과정 개관

1. 전도소그룹 1단계 : 불신자를 위해 기도하라

전도는 기도로 시작해야 한다. 전도는 영적인 싸움이기 때문에 반드시 기도한 만큼 이루어진다. 전도는 궁극적으로 성령의 사역이므로 전도대상자의 영혼을 위해 충분히 기도해야 한다.

① 소그룹에서
- 목장에서 기도 짝을 정하고 VIP카드에 전도대상자의 이름을 적는다.
- 기도 짝과 매일 언제, 어디서, 어떻게 기도할 것인지를 상호 약속한다.
- 목자는 한 주간 동안 목원들이 VIP카드를 가지고 기도하는지를 점검한다.
- 목장예배, 새벽기도회, 저녁기도회, 성경공부 등 모일 때 마다 기도 시간을 갖는다.

② 교회에서
3월 첫 주부터 2주간, 9월 첫 주부터 2주간은 전도소그룹 1단계 시작 기간으로 전교인 특별새벽기도회를 가지면서 전도대상자를 위해 집중적으로 기도한다.

③ 전도대상자를 위한 기도제목

• ○○○에게 예수 그리스도를 믿는 마음을 주세요.

• ○○○속에 있는 예수 그리스도를 믿지 못하게 하는 장애물을 제거해 주세요.

• ○○○의 삶 속에 하나님의 축복이 임하게 해주세요.

• ○○○의 삶 속에서 예수 그리스도를 경험할 수 있도록 성령님께서 도와주세요.

2. 전도소그룹 2단계 : 불신자를 섬겨라

전도대상자를 만나 관계를 세워가는 과정이다. 관계는 복음이 사람에게 닿게 하는 다리(교량)이다. 이 기간은 복음의 씨를 뿌리기 전 마음 밭을 옥토로 만드는 기간이다. 전도대상자를 섬기는 단계에서 가장 중요한 것은 나와 기도 짝의 전도대상자 중 한 주간 동안 전도할 2~3명의 '나다나엘'을 뽑아서 기도 카드에 표시하는 것이다. 그리고 한 주간 동안 최소 한 명의 '나다나엘'을 만나 함께 시간을 보내는 것이 '섬김'의 단계에서 가장 중요한 부분이다.

① 소그룹에서

• 기도 짝과 어떻게 기도 1단계를 했는가를 점검한다.

  ㄴ 전도대상자를 위해 매일 기도했는가?

  ㄴ 기도할 때 하나님께서 어떤 마음들을 주셨는가?

• 전도대상자 7명 중 전도가 가능한 나다나엘 2명을 선택하여 기

도 카드에 표시한다.

- 주중 최소 한 명 이상과 만나 시간을 보내고 구체적으로 섬긴다.

② 교회에서

전도용품을 준비해서 VIP를 만나 좋은 관계를 세우도록 돕는다.

- 나다나엘을 선정하고 지속적으로 만나서 섬겨라.
- 1:1로 지속적이면서 조건 없이 만나고 섬김으로써 불신자와의 접촉점을 찾는 단계이다.

3. 전도소그룹 3단계 : 함께 관계를 세우라

전도소그룹 3단계는 목원들이나 교회 성도들 중에서 전도대상자와 접촉점이 있는 성도들이 함께 만나 공동체 안에 친구를 만들어주는 단계이다.

① 소그룹에서

- 지난 주에 전도대상자를 어떻게 섬겼는지 나눈다.
- 이번 주에 전도대상자를 언제, 어디서, 누구와 만나서 섬길 것인지를 상호 약속한다.

② 교회에서

- VIP 초청 공예 체험

- 교구별 VIP초청 체육대회(배구/풋살/족구), 목장별 야유회(가을 단풍 구경)

③ 핵심 포인트
- 나다나엘과 되도록 많은 성도들이 관계를 형성해 나가기 위해 접촉점이 있는 성도가 함께 관계를 세우는 단계이다.
- 공동체 안에 여러 명의 친구를 만들어 주라.

4. 전도소그룹 4단계 : 공동체로 초청하라

전도를 위한 바자회나 체육대회를 진행하여 온 교회 성도들이 전도대상자들을 부담 없이 만나는 시간을 가짐으로써, 교회 안에 5~7명 정도의 친구를 만들어 주는 것이 목적이다. 교회 안에 자기를 알아주는 사람이 5명만 있으면 새로 온 사람이 교회에 정착하기 쉬워진다.

① 소그룹에서
- 전도대상자를 어떻게 섬겼는지, 그의 영적 상태는 어떠한지를 서로 나누고 뜨겁게 기도한다.
- 바자회나 체육대회에 누구를 데려올 것인지를 점검한다.

② 교회에서
- 섬김의 바자회(상반기), 체육대회(하반기)

③ 목장초청잔치

목장초청잔치는 전도소그룹의 꽃이다. 그동안 관계를 세웠던 전도대상자들을 소그룹 모임에 초청해서 그들과 함께 이른바 '열린 소그룹 예배'를 드리는 것이다. 어느 정도 관계를 세웠다 할지라도 불신자에게 교회에 나가자고 하면 부담스러워 한다. 그래서 징검다리로 소그룹에 초청해서 작은 교회의 모습을 보여주고 경험하게 해주는 것이다. 목장초청잔치의 목적은 사랑과 섬김을 통해 초청된 불신자에게 하나님의 사랑을 전하는 것이다. 또 찬양과 간증을 통해 아직 하나님을 알지 못하는 불신자가 간접적으로나마 하나님의 은혜를 경험하게 하는 것이다.

- 장소
  - ↳ 불신자들이 편안하게 올 수 있는 시간과 장소를 정한다.
  - ↳ 시간이 맞지 않아 초청하지 못한 전도대상자가 있다면 다른 목장에라도 반드시 초청해야 한다.

- 장식
  - ↳ 초청된 불신자가 마음을 열고 감동을 받을 수 있도록 주변을 정돈하고 장식한다.

- 식사
  - ↳ 음식을 통해 불신자가 감동을 받도록 준비한다.

ㄴ, 모양에도 신경을 써서 준비하는 사람의 정성을 보여주고 감동을 주면 오래 기억되고 마음 문을 여는 데도 효과적이다.

- 게임
  ㄴ, 식사가 어느 정도 끝나게 되면 게임을 진행한다. 게임은 쉽고 간단한 것으로 5~6가지 정도 준비하되, 게임룰에 따른 선물을 준비하면 분위기가 훨씬 좋아진다.

- 노래
  ㄴ, 게임으로 분위기가 좋아지고 서로 하나가 되면 노래를 부른다.
  ㄴ, 곡은 주로 찬양 곡으로 준비하되 불신자의 거부감을 줄이기 위해 가정에 관련된 건전한 노래를 불러도 좋다.
  예 : 즐거운 나의 집, 당신은 사랑받기 위해 태어난 사람, 좋으신 하나님 등

- 간증
  ㄴ, 간증은 이날의 핵심이다. 간증을 듣게 하기 위해 모든 순서를 가졌다고 해도 과언이 아니다. 간증자를 선정할 때 될 수 있으면 교회에 나온 지 1년 이내의 은혜가 충만하고 하나님과의 첫 사랑이 뜨거운 성도로 세우면 좋다. 간증자가 약 10분 이내의 내용으로 원고를 준비하여 그대로 읽게 한다.

- 목자의 축복기도 및 환송

  ┗ 간증을 마치면 목자가 한 사람씩 이름을 불러가며 하나님께서 그들의 가정과 식구들과 하는 일에 복주시고 지켜 주시기를 간절히 축복하며 기도한다. 그리고 나면 준비된 선물을 하나씩 드리고 배웅해야 한다.

5. 전도소그룹 5단계 : 교회로 인도하라

지금까지의 모든 일이 열매를 맺는 단계이다. 이제는 함께 교회에 나가자고 적극적으로 권면하여 교회로 인도해야 한다.

① 주의사항

- 5단계는 적극적으로 복음을 전하며 교회로 인도하는 단계이다. 아직 마음이 열리지 않아 거부하는 전도대상자가 있어도 괜찮다. 다음에 그 전도대상자는 다시 1단계부터 시작하면 된다.

② 교회행사

- 불신자들이 관심을 가질 만한 세미나. 찬양 콘서트, 총력전도주일 등의 행사를 진행한다.

③ 핵심 포인트

- 목장초청잔치까지 경험한 불신자들은 무르익어서 밤나무에서 떨어진 밤송이와도 같다. 그러므로 이제 결실의 바구니에 열매

를 주워 담으면 된다. 5단계는 직접적으로 복음을 전하는 단계
이다.

4장

전도소그룹
실행과정

"날마다 마음을 같이하여 성전에 모이기를 힘쓰고

집에서 떡을 떼며 기쁨과 순전한 마음으로 음식을 먹고" 사도행전 2:46

12주까지의 단계별 일정은 다음과 같다.

주차	사역	세부내용	행사	점검

	준비
	단계
		• 전도에 대한 동기부여를
		  할 수 있는 전도집회를
		  갖는다. 목자는 목원들이
		  전도대상자를 정할 수
		  있도록 돕는다.
		• 목장별로 기도카드 작성 및
		  기도 짝을 선정한다.
			전도집회
			목자 일일 수양회
				• 나의 전도대상자는
				  누구인가를 점점,
				  VIP카드 작성
				• 기도 짝과 기도 시간
				  상호 약속

1
주차
 	
2
주차
	1단계
	기도하라
		• 전교인특별새벽부흥성회
		• 목장예배, 새벽기도,
		  성경공부 등
		  전도대상자를 놓고
		  집중 기도
			전교인특별새벽
			부흥성회
				• 목자는 목원들이
				  기도하도록 점검

3
주차
	2단계
	불신자를
	섬기라
		• 지속적으로 2번 조건
		  없이 만나고 섬기고
		  도우라!(1:1의 만남)
			교회전도물품 배부
			(전도물품을 사용해
			관계 맺기)
				• 나다나엘을
				  선정하고
				  지속적으로 만나
				  섬겼는지 점검

4
주차
			목장별 야외예배
			밤농장 체험
				• 목장예배 시
				  누구를 언제,
				  어떻게 섬겼는지
				  점검

주차	단계	내용	행사	점검사항
5 주차	3단계 함께 관계를 세우라	• 함께 만나고 찾아가고 함께 관계 세우기 • 공동체 안에 친구를 만들어 주라. (나다나엘과 1: 다수의 관계 형성하기)	공예체험 도예체험	• 누구를 언제, 어디로 모시고 올 것인지 점검한다. • 간증자 선정 및 간증문 작성
6 주차			청남대 문화체험	
7 주차			남자1, 2교구 배구대회 남자3교구 체육대회	
8 주차	4단계 공동체로 초청하라	• 공동체로 초청하라 • 교회에서 다양한 초청 프로그램을 통해 친구 만들기를 도와준다.(교회 안에서 5~7명 정도의 친구를 만들어 준다.)	• 섬김의 바자회 • VIP와 함께 하는 전교인 체육대회 • 목장초청잔치	• 누구를 언제, 어디로 모시고 올 것인지 점검한다. • 목장초청잔치 일정, 장소 선정 • 목장별 릴레이 금식기도 • 목장초청잔치 초청자 점검
9 주차				
10 주차				
11 주차	5단계 교회로 인도하라	• 지금까지의 모든 일의 열매 맺는 단계이다. (목장초청잔치를 경험한 불신자들은 이미 익어서 밤나무에서 떨어진 밤송이와 같다. 그러므로 적극적으로 교회로 인도해야 한다.)	전교인 총력전도 주일 목장별 전도주일 VIP와 함께하는 성탄절 전야행사	• 온 성도가 한명 전도할 수 있도록 점검 • 목장이 한명 전도할 수 있도록 점검
12 주차				

전도소그룹 1단계 : 기도

1단계는 불신자를 위해 기도하는 단계이다. 전도는 기도로 시작
해야 한다. 영적인 싸움이기 때문이다. 사탄에게 붙잡힌 영혼을 하
나님의 자녀로 만드는 것은 영적 전쟁을 선포하는 것과 같다. 영적
전쟁에서 승리하는 길은 기도밖에 없다. 그래서 전도자에게 항상 우
선되어야 할 것이 바로 기도이다. "이르시되 기도 외에 다른 것으로

는 이런 종류가 나갈 수 없느니라 하시니라" 막 9:29.

전도는 반드시 기도한 만큼 되는 것이다. 성령께서 역사하시고 도 우셔야 되는 일이기 때문이다. 우리가 기도할 때 비로소 성령께서 일하신다. 성령께서 일하셔야 전도의 열매가 맺히는 것이다.

전도대상자를 인간적으로 잘 도와주고 섬기면서 교회로 초청하면 인정상 한두 번은 교회에 올 수 있다. 그러나 전도대상자의 마음 문을 열어 예수님을 받아들이고 교회에 정착하게 하는 것은 전적으로 성령의 일이다. 그러므로 우리는 전도대상자의 영혼을 위해 충분히 기도해야 한다. 따라서 1단계의 기도는 전도의 중요한 기초라고 말할 수 있다. 전도소그룹을 통하여 많은 열매를 얻기 위해서는 개인과 소그룹목장과 대그룹교회이 지속적으로 기도하며 모든 과정을 진행해야 한다.

1. VIP카드(기도 카드) 작성

제자들교회에서는 전도대상자를 가장 중요한 사람이라 하여 VIP Very Important Person라고 부른다. 1단계를 시작하기 2주 전에 소그룹에서 VIP카드를 작성한다. VIP카드는 전도대상자를 적은 카드로, 목장예배에서 목원들에게 기도 카드를 나눠주고 7명의 전도대상자를 적게 하는 것이다.

VIP카드를 작성하는데 가장 중요한 점은 직접 만나서 섬길 수 있는 사람들을 전도대상자로 삼아야 한다는 것이다. 이웃, 직장 동료, 친구, 자주 가는 가게 주인 등 실질적으로 자주 만나 관계를 맺고 섬길 수 있는 사람들로 대상을 정해야 한다.

VIP카드는 한 사람이 같은 내용의 카드를 여러 장 작성하여 가져간다. 차 안이나 화장대, 식탁 같은 눈에 잘 띄는 곳에 두고 수시로 기도해야 하기 때문이다. 또 평상시 예배시간에도 담임목사가 "기도 카드 좀 보여주세요"라고 하여 수시로 점검하기 때문이다.

2. 기도 짝 정하기

1단계에서 기도 짝을 정하는 것은 매우 중요하다. 1단계가 시작되면 목장 안에서 목원 두 사람을 한 조로 묶어 기도 짝을 정해준다. 만일 목원이 홀수라서 한 사람이 남으면 목자가 기도 짝이 되어준다. VIP카드 작성이 끝나면 기도 짝과 매일 어디서, 어떻게 기도할 것인지를 상호간에 약속한다. 이때 적당히 대충 기도하는 일이 있을 수도 있으므로 목자는 목원들이 매일 어디서, 어떻게 기도할 것인지 구체적으로 약속을 정할 수 있도록 도와줘야 한다.

예) "나는 매일 새벽기도 시간에 교회에서 ○○분씩 14명의 전도대상자(VIP)를 위해 VIP카드를 가지고 기도하겠습니다."

이렇게 구체적으로 기도 약속을 했으면 기도 짝은 서로 전화해서 기도했는지를 확인해 보아야 한다. 목자는 목원들의 기도 시간을 미리 알고 있다가 전화로 점검하거나 주일예배나 수요예배 때 목원들을 만나 "기도 잘하고 있습니까"라고 묻기도 하고, 주중에 "기도 잘 되고 있나요? 힘내세요!"라는 격려의 말도 해주면 좋다. 이렇게 점검하지 않으면 쉽게 잊어버리거나 소홀해지기 쉽다. 그래서 목자가 점검을 잘 해야 1단계인 기도하기 단계가 잘 진행될 수 있다.

3. 전교인 특별새벽기도회

1단계가 시작되면 2주간에 걸쳐 전교인 특별새벽부흥성회를 진행한다. 이 기간 동안 전교인이 새벽마다 성령께서 역사하시도록 VIP 카드를 가지고 불신자의 이름을 불러가며 뜨겁게 기도한다. 제자들교회에서는 봄과 가을에 2주씩 전교인 특별새벽부흥성회를 가지며 1단계를 진행하고 있다.

- 일시 : 9월 2일(월)~13일(토)
- 주제 : 영적 전쟁에서 승리합시다(마 4:10).
- 장소 : 제자들교회 본당

4. 불신자를 위한 집중적인 기도

교회 안에 불신자를 위한 기도 문화가 자리 잡을 때, 그 교회는 불신자를 향해 복음의 문이 열려 있는 교회가 되며, 그러한 교회는 반드시 부흥한다.

예) 목장예배, 새벽기도회, 저녁기도회, 성경공부 후 VIP카드를 가지고 집중적으로 기도한다.

5. 진행사항

① 소그룹에서

- 목장에서 기도 짝을 정하고 VIP카드에 전도대상자를 적는다.
- 기도 짝과 매일 언제, 어디서, 어떻게 기도할 것인지를 상호 약속한다.
- 목자는 한 주간 동안 목원들이 VIP카드를 가지고 기도하는지를 점검한다.
- 목장예배, 새벽기도회, 성경공부 등에서 전도대상자를 놓고 기도한다.

② 교회에서

- 3월 첫 주부터 2주간, 9월 첫 주부터 2주간은 1단계인 기도하는 단계이므로 전교인 특별새벽부흥성회를 갖고 전도대상자를 위해 집중적으로 기도한다.

③ 전도대상자를 위한 기도제목

- ○○○에게 예수 그리스도를 믿는 마음을 부어 주세요.
- ○○○속에 있는 예수 그리스도를 믿지 못하게 하는 장애물을 제거하여 주세요.
- ○○○의 삶 속에 하나님의 축복이 임하게 해주세요.
- ○○○의 삶 속에서 예수 그리스도를 경험할 수 있도록 성령

님이 도와주세요.

6. 주의사항

전도는 틀림없이 기도한 만큼 된다. 그러므로 1단계인 기도하기 단계는 전도의 기초이며 전도소그룹을 푸는 열쇠라고 할 수 있다. 간혹 성급하거나 행동이 앞서는 교인들이 불신자를 위한 기도를 소홀히 여기고 행동만을 앞세우는 경향을 보일 때가 있다. 그런데 그런 사람들에게는 전도의 열매가 없다. 초청 잔치에 아는 사람을 몇 명 데리고 올 수는 있지만, 그들을 교회까지 인도하고 정착시키지는 못한다. 그러므로 불신자를 위해 충분히 기도하는 것이 전도하는 데 있어서 무엇보다도 중요하다.

7. 보고서 및 양식

① VIP카드(부록 참고)

② 전도대상자 및 기도 짝

이름	한성희		한희영		권인숙		조은희	
전도 대상자	이름	기도 짝	이름	기도 짝	이름	기도 짝	이름	기도 짝
	이언경 부부	김경철	김영희	김영희	김채갑	이성주	박호열	박희춘
	맹성훈	박경희	김미경	김영현	박연희	박민정	이대길	천혜영

보경옥	유영선	정점순	준엽	홍미정	재천	장정숙	지은이 엄마
이희영 부부	세탁소	이기숙	이엽	양현희	송정숙	양봉석	우영순
윤일		임수정	주명숙	김윤자	이용상	앞집	김준식
배기동			이재우			김순덕	진영란
임광섭			신동성, 금성				

기도	언제	새벽 5~6시	저녁 9~10시	새벽 5~6시	아침 7시~8시
	장소	교회	집 작은방에서	교회	사업장에서 수시로

전도소그룹 2단계 : 불신자를 섬기라

전도소그룹 2단계는 전도대상자를 만나서 관계를 세우는 과정이다. 관계는 복음이 전파되기 위해 한 사람에게 닿는 다리이다. 관계 맺기는 복음을 전하는 단계가 아니라 복음의 씨를 뿌리기 전 마음밭을 옥토로 만드는 것이다. 2단계인 섬김의 단계를 진행하기 전에 먼저 1단계인 기도하기를 점검해야 한다. 목장예배에서 목자와 목원들이 함께 전도대상자를 위해 '매일 기도했는가' '기도할 때 하나님께서 어떤 마음을 주셨는가' 등을 돌아가며 나누는 시간을 가져야 한다.

1단계 기도하기의 점검을 마치고 나면 목자는 목원들과 전도대상자를 어떻게 만나, 어떻게 섬길 것인지를 구체적으로 계획하고 약속을 정한다. 그 후 다음 목장예배에서는 섬김의 결과가 어떠했는지를 서로 나누는 시간을 갖도록 한다. 이렇게 하는 이유는 전도대상자의

영적 상태나 주변 상황에 대한 정보를 서로 공유하기 위함이다. 2단
계인 섬김의 단계에서 중요한 것은 나와 기도 짝의 전도대상자 14명
중 전도가 가능한 4명(나와 기도 짝 포함)의 '나다나엘'을 정하고, 그를
위해 집중적으로 기도하는 것이다빌립이 전도한 친구가 나다나엘이
기 때문에 전도가 가능하며 집중적으로 섬길 전도대상자를 나다나
엘이라 부른다. 나다나엘이 정해지면 그중 최소한 1명을 정하여 주
중에 찾아가서 만나고 함께 시간을 보내야 한다. 이것이 2단계 섬김
의 단계에서 가장 중요한 부분이다. 그러므로 목자는 목장예배에서
이번 주에 누구를 만나, 어떻게 섬길 것인가를 약속하고 그 결과를
목장예배에서 나누게 해야 한다.

1. 나다나엘 선정하기

나다나엘요 1:45은 VIP 7명 중에서 전도가 가능하다고 생각되어 선
택한 2명 정도의 전도대상자를 말한다.

> "빌립이 나다나엘을 찾아 이르되 모세가 율법에 기록하였고 여러
> 선지자가 기록한 그이를 우리가 만났으니 요셉의 아들 나사렛 예수
> 니라" 요한복음 1:45

1단계인 기도하기 기간을 지나면서 VIP와 접촉해 보면 전도가 가
능한 사람들이 누구인지 알 수 있게 된다. 이렇게 뽑은 2명의 나다
나엘과 좀 더 친근한 관계를 맺어야 한다. 그렇다고 해서 꼭 내가 정

한 나다나엘만이 전도되는 것은 아니다. 그러므로 나다나엘이 아닌 다른 VIP를 위해서도 계속적으로 기도해야 한다. 그러나 분명한 것은 2명의 나다나엘에게 집중하는 것이 중요하며, 그들을 지속적으로 조건 없이 만나 필요를 채워주고 사랑으로 섬겨주어야 한다는 것이다.

2. 구체적으로 관계 세우기

① 나다나엘과 시간을 함께하라

나다나엘과 함께 할 수 있는 시간을 만들어야 한다. 처음이라 어색하다면 교회에서 제작한 전도물품을 활용하여 관계를 세우는 것도 좋다. 나의 나다나엘과 적어도 일주일에 한 시간 이상은 함께 시간을 보내야 한다. 이때 중요한 것은 불신자인 나다나엘이 공감할 수 있는 접촉점을 찾아 그들의 필요를 채워주고 섬겨주는 것이다. 무엇보다 그가 좋아하는 일을 함께 하며 시간을 보내는 것이 좋다.

예) 함께 식사하기, 쇼핑하기, 커피 마시기, 가족끼리 만나 식사하기, 시장보기, 생일파티, 야외활동, 영화&연극 관람하기 등

이때 주의할 점은 너무 성급하게 교회에 가자고 한다거나 예수 믿으라는 말을 하지 말아야 한다는 것이다. 자연스럽게 전도대상자의 마음이 열릴 수 있도록 조건 없이 사랑하며 섬겨주고 함께 해주면

된다. 땅을 옥토로 만드는 것이 농사에서 중요한 과정이듯이 굳이 입으로 전도하지 않아도 그들을 만나는 시간은 전도의 중요한 한 과정이다.

② 나다나엘을 구체적으로 섬겨라

나다나엘이 필요로 하는 것, 부족해 하는 것, 갈급해 하는 것이 무엇인지 우선 파악해야 한다. 나다나엘과 함께 시간을 보내다 보면 그의 필요를 알 수 있게 된다. 그러면 그에 맞게 나다나엘의 필요를 채워 주며, 주님의 사랑으로 조건 없이 섬겨주면 된다. 한 가지 조심할 것은 나다나엘을 너무 부담스럽게 하지 말아야 한다는 것이다.

예) 김치 담가 주기, 차량으로 도움 주기, 아기 옷 및 장난감 나눠 주기, 심부름 해주기(시장), 작은 선물 하기, 경조사 챙겨 주기, 아이 돌봐 주기 등

3. 나다나엘을 감동시켜라

사람은 누구나 감동을 받고 싶어 한다. 감동은 모든 장벽을 허물며 사람의 마음을 활짝 열리게 한다. 사람의 마음을 감동시킬 수만 있다면 전도는 반드시 된다. 그렇다면 어떻게 사람을 감동시킬 수 있을까? 감동은 상대방에게 자신이 특별하다는 느낌을 받을 때 생기는데, 대부분 작고 사소한 것들이 마음에 닿아서 파장을 일으킨다. 전도대상자와 좋은 관계를 세워 나가라. 도울 일이 있으면 기꺼

이 도와주라. 마음이 담긴 작은 선물과 도움들이 전도대상자의 마음을 감동시킨다는 것을 기억하라. 이 작은 정성들이 마침내 마음을 열게 할 것이다.

4. 행사

2단계인 섬김의 단계를 진행할 때 성도들이 자신의 VIP들과 좋은 관계를 맺도록 돕기 위해 교회는 몇 가지 행사를 진행할 수 있다.

① **목장별 야외예배**
　 ㄴ 기간 : 9월 중순
　 ㄴ 장소 : 대청댐 근방 민들레 식당(경치가 아주 좋아서 전도대상자
　　 와 함께 하기에 좋은 장소이다).

② **VIP와 함께하는 밤 농장 체험**(여자 1, 2교구)
　 ㄴ 일시 및 장소 : 9월 24일(화), 26일(목), 28일(토) 오전 10시 / 방
　　 아실
　 ㄴ 대청댐 주변 방아실에서 하는 밤 따기 행사에 전도대상자를 초
　　 청하여 도시락과 참가비와 차량을 교회에서 제공하고 교구별로
　　 진행하니 많은 전도대상자들이 참석하여 좋아했다.

③ **대둔산 등반**(남자교구)
　 ㄴ 기간 : 10월 5일(토)

5. 진행사항

① 소그룹에서

• 기도 짝과 1단계를 점검한다.

　ㄴ 전도대상자를 위해 매일 기도했는가?

　ㄴ 기도할 때 하나님께서 어떤 마음을 주셨는가?

• 전도대상자 7명 중 나다나엘 2명을 선택하여 VIP카드에 표시한다. 주중에 나다나엘을 한 명 이상 만나 시간을 보내고 구체적으로 섬겨라.

② 교회에서

• 교회에서 준비한 전도물품을 사용해서 관계를 맺어라.

　ㄴ 티슈, 야외용 칫솔 세트, 물티슈, 작은 화분 등

③ 핵심 포인트

• 나다나엘을 선정하고 지속적으로 만나서 섬겨라.

• 일대일로 지속적으로 조건 없이 만나면서 접촉점을 찾고 그들의 필요를 채워 주며 섬기는 단계이다.

6. 주의사항

2단계 섬김의 단계 역시 복음을 전하는 단계가 아니다. 씨를 뿌리기 전 땅을 옥토로 만드는 단계이다. 이때 성급히 씨부터 뿌리는 것은 오히려 농사를 망칠 수 있다. 그러므로 성급하게 교회에 가자거나 예수 믿으라고 말하는 것은 좋지 않다. 자연스럽게 전도대상자의 마음이 열릴 수 있도록 조건 없이 만나 함께 시간을 보내고 섬기며 감동시켜야 한다.

7. 보고서 및 양식(나다나엘 명단)

목원이름	인월순	권옥순	최미숙A	라경래	전영자
VIP카드	홍성수	이선옥	최양임	한상희	안성균
	노수희	송미선	최점자	한춘례	반정옥
	홍동기	김복섭	이광재	김연옥	자옥이
	안종일	이윤영	실장님	황태희	문길래
	전미향	주재희	길지준	김영민	효촌 1104호
	인유영		강복자	오창영	효촌 903호
	인병준		한성호		삼익 509호
나다나엘	노수희	이선옥	이광재	한춘례	안성균
	홍동기	송미선	실장님	한상희	문길래
			길지준		903호

전도소그룹 3단계 : 함께 관계를 세우라

3단계는 함께 관계를 세워 가는 단계이다. 2단계가 나다나엘과의 일대일 만남과 섬김이었다면 3단계는 목원들이나 교회의 다른 성도들과 전도대상자와의 만남을 통해 관계를 맺는 단계이다. 섬기고 돕는 것은 혼자 하는 것보다 두세 사람이 함께 하는 것이 훨씬 쉽고 효과적이다. 또한 전도대상자가 성도들 중에 마음이 맞는 친구를 여러 명 사귀게 되면 좀 더 빨리 마음의 문을 열고 교회에 나올 수 있게 된다.

1. 나다나엘과 일대 다수의 관계 형성하기

① 공동체 안에 친구를 만들어 주라

목장에서 친구를 만들어 주는 것이 중요하다. 3단계는 함께 만나 관계를 세우면서 전도대상자에게 교회와 목장 안에 여러 명의 친구를 만들어 주는 과정이다. 특히 나다나엘과 일대 다수의 관계를 형성할 때 공통분모가 있는 성도들을 소개시켜 주면 서로 금방 친구가 될 수 있다.

② 함께 관계 세우기

고기를 잡는 방법은 다양하다. 낚싯대를 들고 한 마리씩 잡는 방법도 있고, 그물을 사용하여 여러 사람과 함께 잡는 방법도 있다. 낚시보다는 여러 사람이 함께 그물로 잡는 방법이 고기를 훨씬 효과적으로 많이 잡을 수 있다. 한 사람이 나다나엘의 필요를 채워 주는 것은 분명 한계가 있다. 나다나엘의 필요와 관심사가 나와 다를 수 있기 때문이다. 그래서 목원들이나 다른 성도들의 도움을 받으면 더 효과적으로 전도할 수 있다. 그래서 나다나엘과 공통분모를 가지고 있는 사람들을 교회 내에서 찾아 도움을 요청하면 전도대상자들의 필요를 채워 주는 데 효과가 크다.

예) 공통분모 찾기 : 같은 고향, 같은 아파트, 자녀와 같은 학교와 학
년, 같은 취미, 같은 군 경력(해병대, 공수부대), 학교 동창 등

VIP를 만나러 갈 때 VIP와 공통분모가 있는 사람과 함께 가서 시간을 보내고 섬겨 주면 확실한 관계를 세워갈 수 있다.

2. 행사

3단계 관계 세우기를 진행하면서 성도들이 전도대상자들과 아름다운 관계를 세울 수 있게 돕기 위해 교회는 행사를 준비한다.

① VIP초청 공예 체험
　ㄴ 일시 및 장소 : 10월 22일(화)~24일(목) / 교육관 1층 소예배실

② VIP초청 도예 체험
　ㄴ 일시 및 장소 : 10월 19일(토), 26일(토) / 금산도예촌

③ 청남대 문화 체험
　ㄴ 일시 및 장소 : 10월 24일(목) / 청남대

④ VIP와 함께하는 체육 대회

　└, 일시 및 장소 : 10월 27일(주일) / 오후 1시 계룡공고 /

　　남자 3교구

⑤ VIP와 함께하는 배구 대회

　└, 일시 및 장소 : 11월 3일(주일), 오후 1시 / 은어송초등학교 /

　　남자 1, 2교구

3. 진행사항

① 소그룹에서

- 지난 주에 전도대상자를 어떻게 섬겼는지 나눈다.
- 이번 주에 전도대상자를 언제, 어디서, 누구와 함께 만나 어떻게 섬길 것인지 계획하고 약속을 정한다.
- 목장마다 간증자를 선정하고 간증문을 작성하게 한다.
- 목장초청잔치 일정을 정한다.

② 교회에서

- VIP 초청 공예 체험, 도예 체험, 문화 체험
- 교구별 VIP초청 체육 대회(배구/풋살/족구), 목장별 야유회(가을 단풍 구경)

③ 핵심 포인트

- 나다나엘과 일대 다수의 관계를 형성할 때 공통분모가 있는 성도와 함께 관계를 세우라.
- 공동체 안에 여러 명의 친구를 만들어 주라.
- 미리 목장초청잔치 간증자 및 일정을 정하라.

5. 주의사항

3단계인 관계 세우기 역시 아직은 직접적으로 복음을 전하는 단계가 아니다. 그러니 전도하려고 성급하게 서둘러서는 안 된다. 확실한 옥토를 만들기 위해 일주일에 1~2번 정도 전도대상자를 만나 교제하며 그들의 필요를 채워 주면서 진정한 친구 관계로 발전되어 가는 것이 중요하다. 목자는 소그룹 안에서 일주일에 한 번 혹은 두 번 정도 목원들이 전도대상자를 만나 무엇을 어떻게 도왔는지를 구체적으로 점검해야 한다.

전도소그룹 4단계 : 공동체로 초청하라

4단계인 초청의 단계에는 교회에서 진행하는 바자회나 체육 대회를 통해 교회의 온 성도가 전도대상자들을 섬겨 교회 안에 5~7명 정도의 친구를 만들어 주는 단계이다. 교회 안에 전도대상자를 알아 주는 사람이 5명만 있어도 그 사람은 교회 안에 잘 정착할 수 있다.

그러므로 이 기간에는 교회에서 진행하는 다양한 초청 프로그램을 통해 친구 만들기를 도와준다.

1. 대그룹 초청(바자회, 체육 대회)

① 바자회

바자회의 목적은 전도대상자들을 초청해서 대접하면서 교회의 여러 성도들과 관계를 맺도록 하는 데 있는 것이지 이윤을 남기고자 함이 아니다. 바자회 기간 동안 푸짐한 먹거리와 천사처럼 섬기는 성도들의 모습을 보면서 전도대상자들의 마음이 열리고 감동을 받는다. 그러므로 교역자들은 그날 바자회의 진행보다 초청된 전도대상자들과 공통분모를 가진 성도들을 소개시켜 교회와 목장 안에 여러 명의 친구가 생길 수 있게 만드는 역할을 감당해야 한다.

바자회 부스는 각 선교회 중심으로 준비한다. 판매물품을 미리 상의하고, 봉사하는 마음으로 동참하기 원하는 성도가 있다면 부스를 마련해 준다. 모든 먹거리는 거의 원가 수준으로 판매하며 아주 푸짐하게 준비한다. 기증된 의류나 물품도 저렴하게 판매하여 섬기되 대접하는 성도들도 경제적으로 큰 부담이 되지 않도록 준비한다. 바자회는 이틀간 진행되는데 첫날은 직장인들을 위해 저녁 9시까지 진행한다. 이틀간의 교회 축제가 전도대상자의 마음을 움직이고, 교회 안에 친구를 만들어 줌으로써 교회에 대한 이미지를 바꾸는 계기가 되게 한다. 또한 바자회는 지역사회에 좋은 소문을 내는 데도 매우 큰 역할을 한다.

② 체육 대회

체육 대회도 전도대상자와 교회의 여러 성도들이 함께 관계를 세우는 것이 목적이다. 그러므로 그날 초청되어 온 전도대상자들이 교회와 목장 안에 여러 명의 친구가 생기도록 진행하면 된다. 체육 대회는 전체 진행이 매우 중요한데, 모든 순서는 새신자와 전도대상자를 중심으로 진행되어야 한다. 각 프로그램은 어린이부터 노인에 이르기까지 모두가 참여할 수 있도록 하고, 구경하는 재미가 있는 프로그램을 준비하면 좋다. 매 경기마다 이기려고 경쟁하기도 하지만 친목을 다지며 섬기려는 마음이 우선될 수 있도록 해야 한다. 특히 행운권 추첨 순서를 두는데 행운권 추첨 역시 새신자와 전도대상자들은 모두 당첨될 수 있도록 사전에 준비하여 참석한 새신자와 전도대상자들이 푸짐한 선물을 받고 돌아갈 수 있도록 해야 한다. 그래서 체육 대회에 참석한 모든 이들이 행복하고 즐거운 시간을 보냈다는 여운이 남게 해야 한다. 체육 대회를 통해 전도대상자가 교회 안에 5명 정도의 친구를 갖게 되는 것이 가장 중요한 핵심이다.

③ 행사

- 섬김의 바자회
  ㄴ 일시 및 장소 : 4월 22일(월)~23일(화) / 제자들교회 본관 및 교육관

- VIP와 함께하는 전교인 체육 대회

  ㄴ 일시 및 장소 : 10월 6일(주일), 오후1시 / 한밭다목적체육관

④ 진행사항

- 소그룹에서

  ㄴ 전도대상자를 어떻게 섬겼는지, 영적 상태는 어떠한지를 서로
    나누고 뜨겁게 기도한다.

  ㄴ 바자회나 체육 대회에 누구를 데려올 것인가 점검한다.

  ㄴ 목장마다 목장초청잔치를 목장별 지정 장소에서 진행한다.

- 교회에서

  ㄴ 섬김의 바자회(상반기), 체육 대회(하반기)

⑤ 주의사항

4단계인 초청의 단계 역시 아직은 직접적으로 복음을 전하는 단계가 아니다. 이 과정은 체육 대회나 바자회를 통해 전도대상자를 교회에 초청하여 성도들과 교제하는 시간을 갖게 하는 것이 목적이다. 체육 대회나 바자회의 모든 프로그램은 새신자를 중심으로 진행되어야 한다. 또한 전도대상자와 공통분모가 있는 성도들이 서로 관계를 맺을 수 있도록 소개시켜 주는 데 집중해야 한다.

⑥ 보고서 및 양식

• 바자회 품목

교구	담당품목	외부품목	담당자
여자1교구	부침개, 건어물, 밑반찬, 김치, 육개장	주방용품	한익희, 봉금란 성도
여자2교구	국수	양말, 모자, 가방, 스카프	윤영순 집사
여자3교구	헌옷, 화분, 넥타이	건어물	김점자 권사
여자4교구		떡	김덕수, 김영숙 집사
여자5교구	튀김	곡물	김완희 권사
여자6교구	찐빵, 샌드위치, 만두, 과일, 야채	족발	유미경 성도
여자7교구	떡볶이, 어묵, 돈가스	아동복	김지은 집사
여자8교구	김밥, 묵, 어묵, 돈가스	속옷류	다솔
물댄동산 (사모목장)	김밥, 묵, 두부, 순대	고추장	류명임 권사
청년부	서빙 책임, 저녁 설거지 담당		
사역자	팝콘, 솜사탕, 아이스크림		

• 체육 대회 프로그램

종목	시간	참가인원	준비	진행
개회선언	1:30			김동현
몸 풀기 체조	1:30~1:40	전원참석	서미라, 이민정 김윤아, 강현미	서미라
여자축구	1:40~2:10	여성 15명	박장호	이삼영
간식	2:20~2:40			
VIP 돼지몰이	2:40~3:10	VIP 남성 4명 / 여성 4명	박광현	이삼영
물위를 걷는 베드로	3:10~3:40	팀 전원 / 어린이 5명, 여성 5명	박장호, 진실	김인태
배구	3:40~4:30	남성 9명	김춘수, 김경민	이삼영

풍선 릴레이	3:40~4:20	60세 이상 남성 8명, 어린이 8명	김현희	김인태
파자마 빨리 입기	4:20~4:40	팀장/응원단장, 남성 1명, 여성 1명	박장호	강진구
어린이계주	4:40~5:00	남성 4명, 여성 4명	이인혜, 진실	이삼영
남녀계주	5:00~5:20	남성 4명, 여성 4명	김춘수, 김경민	이삼영
줄다리기	5:20~5:50	교구별 전원 참석	박장호, 박광현	김동현
행운권 추첨	5:50~6:10			김동현
예배 및 정리	6:10~6:20			

2. 소그룹초청 : 목장초청잔치

① 목장초청잔치란?

목장초청잔치는 전도소그룹의 꽃이다. 그동안 섬겨왔던 VIP들을 목장소그룹에 초청해서 그들과 함께 이른바 '열린 소그룹 예배'를 드리는 것이다. 어느 정도 관계를 세웠어도 불신자들에게 교회에 가자고 권하면 부담스러워 한다. 어쩌면 지금까지의 좋은 관계가 수포로 돌아갈 수도 있다. 그래서 징검다리로 교회보다 먼저 소그룹에 초청해서 작은 교회의 모습을 보여주고 경험하게 해주는 것이다.

목장초청잔치의 목적은 헌신적인 사랑과 섬김을 통해 초청된 불신자들에게 하나님의 사랑을 전하는 것이다. 또한 찬양과 간증을 통해 아직 하나님을 알지 못하는 불신자들이 간접적으로나마 하나님의 은혜를 경험하게 하는 것이다.

② 목장초청잔치를 진행하면서 특별히 기대해야 할 두 가지

- 목장초청잔치를 통해서 초청된 불신자들에게 하나님의 사랑이 전해져야 한다. 헌신적인 사랑과 섬김을 통해 전도대상자들이 간접적으로나마 하나님의 사랑을 경험하여 '이것이 그리스도인들의 공동체구나' 하는 것을 느끼도록 해야 한다. 오직 하나님의 사랑만이 전도대상자들의 견고한 마음을 녹이며 열 수 있다. 그러므로 우리를 통해서 하나님의 사랑이 흘러넘치도록 맘껏 사랑하고 섬겨야 한다.

- 아직 하나님을 알지 못하고 믿지 않지만, 간접적으로나마 하나님의 은혜를 경험하게 해야 한다. 이를 위해 지금까지 온 성도들이 철저하게 성령님을 의지하고 기도로 준비하며 섬겨온 것이다. 또한 간증을 통해 하나님은 살아 계시다는 것과 그 하나님께서 우리를 축복하시고 보호하시고 변화시키셨다는 것을 보여주어 초청된 불신자가 하나님의 은혜를 경험하도록 기대하는 마음으로 진행해야 한다.

③ 목장초청잔치 준비 단계

- 목자와 목원들이 목장초청잔치의 장소와 시간, 준비할 사항 등을 상의하여 구체적인 계획안을 만들고, 일을 분담해야 한다. 목장초청잔치를 준비하면서 목장예배 때 목원들이 어떻게 해야 할 지를 미리 교육한다.

- 가장 중요한 것은 한 주간 동안, 초청될 전도대상자를 반드시

찾아가 함께 시간을 보내며 전도대상자들이 부담을 갖지 않도록 자연스럽게 초청하는 것이다.

- 장식, 식사, 게임, 노래, 간증 등을 준비할 때 교회와 교역자, 다른 목장들과의 협력이 중요하다. 서로 협력하면서 부족한 부분을 보완하고 도와목장초청잔치가 성공할 수 있도록 힘을 모아야 한다. '목장별 품앗이' 제도는 목장초청잔치를 실시하지 않는 다른 목장의 도움을 받아 당일 초청잔치를 준비한 목장의 목원들이 VIP들을 섬기는 데만 집중할 수 있도록 도움을 주는 것이다.

- 무엇보다 중요한 것은 간증인데 간증자를 선정하고 목장초청잔치 때까지 함께 중보기도 하는 것이 대단히 중요하다. 간증은 목장초청잔치의 꽃이라고 할 수 있다. 이날 간증자가 설교자인 것이다. 대부분 VIP들은 간증자의 간증에서 함께 울고 웃는 은혜를 체험하게 된다. 간증자는 될 수 있는 대로 예수님을 믿은 지 얼마 되지 않은 평신도 중에서 선정하는 것이 좋다. 왜냐하면 초심자들은 불신자들의 눈높이에 맞게 생각하고, 말하고, 행동하기 때문이다. 간증자들이 선정되면 간증자와 목자는 새벽기도에 나와 기도할 뿐 아니라 매일 한 끼 금식을 하며 기도로 준비해야 한다. 이렇게 하는 첫 번째 이유는 간증하는 시간에 성령님이 역사하셔서 초청된 불신자들의 마음을 완전히 녹이고 깨뜨려야 하기 때문이다. 두 번째 이유는 이 시간만이 복음을 전하는 유일한 시간이므로 이때 예수님을 향한 마음이 활짝 열

려야 하기 때문이다.

- 목장초청잔치는 한 주간 동안(월요일부터 주일까지) 각 목장마다 편리한 시간에 진행하도록 한다. 만약 나의 전도대상자가 시간 이 맞지 않아 우리 목장에 초청되지 못했다면 다른 목장의 목장 초청잔치로 초청해도 된다. 그러므로 목장별 연합이 매우 중요한 것이다.

- 반드시 한 주간 동안 모든 목장의 목장초청잔치가 진행되도록 해야 한다. 교역자들은 목자와 목장들을 살피고 점검하여 부족한 점을 도와주고 채워 주며 서로 협력하게 하는 역할을 한다.

- 목장초청잔치는 철저히 불신자들의 눈높이에 맞추어 준비하고 진행해야 한다.

- 장소와 시간이 정해지면 본격적으로 목장초청잔치를 준비하면 서, 초청될 전도대상자를 다시 한 번 찾아가 초청해야 한다.

④ 목장초청잔치 진행 단계

- 장소

불신자들이 편안하게 올 수 있는 시간과 장소를 정한다. 목장 식구들 중 방해 받지 않는 적당한 집을 모임 장소로 정하면 좋다. 주로 아파트가 찾기도 쉽고 주차도 편리하기 때문에 30평 정도의 아파트나 빌라를 모임 장소로 정하면 좋다.

- 시간

시간은 일주일 중 초청될 전도대상자들이 오기에 좋은 시간으로 정하면 된다. 여자 목장은 주로 점심시간에 남자 목장은 주로 저녁시간에 진행하는 것이 좋다. 시간이 맞지 않아 초청하지 못한 초청자가 있다면 요일에 상관없이 다른 목장의 초청잔치에 초청해서 간접적으로나마 하나님의 은혜를 경험하게 해야 한다.

- 데코(장식)

목장초청잔치가 열리는 장소를 깨끗이 정리한다. 출입문과 벽에는 '환영합니다, 사랑합니다' 등의 문구와 화분, 여러 가지 다양한 장식으로 초청된 불신자들이 마음을 열고 감동을 받을 수 있도록 준비하면 좋다. 목장 식구들만으로는 모두 준비하기 힘들기 때문에 전 교회적으로 동원되어 준비를 도와줘야 한다. 그리고 대부분의 장식들은 첫날 초청행사를 하는 가정에서 다음날 초청행사를 하는 가정으로 그대로 이동하면 된다.

- 식사

정해진 약속 시간에 어느 정도 초청자들이 오면 식사를 시작한다. 식사 준비에 대해 특별히 강조할 것은 양보다는 감동을 주는 데 초점을 맞추라는 것이다. 모양에 신경을 써서 준비한 사람의 정성을 보여주고 감동을 받게 하는 것이 오래 기억되면서 마음 문을 여는 데 효과적이다. 고기류나 현장에서 끊이면서 먹는 찌개나 탕류는 피해서 준비하도록 한다. 음식은 미리 준비해 놓고 큰 종이 등으로 덮어 놓는다. 그리고 식사를 시작할 때 목자가 "여러분을 위해 정성껏 준비했습니다. 맛있게 드십시오"라고 하면서 덮어놓은 종이를 들어 올리고 함께 식사를 시작한다. 이때 식사 기도를 하지 않는 것이 중요하다. 믿지 않는 불신자들이 초청되어 왔기 때문에 목원들만 눈을 뜬 상태에서 잠깐 식사기도를 하면 된다. 또 식사를 하면서 주의할 것은 모든 목원들은 손님들을 접대하는 위치에 있다는 것을 기억해야 한다는 것이다. 목원들의 섬김으로 초청된 불신자들이 마음껏 감동하며 식사할 수 있도록 최선을 다해야 한다.

- 게임

식사가 어느 정도 끝나게 되면 재미있는 이야기(유머)를 하며 게임을 시작한다. 식사를 미리 마친 전도대상자들이 지루하게 기다리지 않도록 식사를 아직 마치지 못한 사람이 있더라도 게임을 시작하되 식사를 마칠 수 있게 최대한 배려한다. 게임은 쉽고 간단하면서 그 자리에서 할 수 있는 것들로 5~6가지 준비한다. 또한 비싸지 않은 생활용품이나 신앙용품 등의 선물을 준비하면 분위기가 훨씬 좋아진다. 이때 기존 목원들은 게임에 함께 참여하지만 적당히 져 주어야 한다. 혹시라도 기존 성도들이 이기면 게임 진행자가 이번 게임은 연습게임이라고 하고 다시 게임을 하는 등 어떻게든 그날 초청된 불신자들이 게임 상품을 탈 수 있도록 보이지 않게 배려하며 노력해야 한다.

• 노래

게임으로 분위기가 좋아지고 서로 하나가 되면 이제 노래를 부른다. 곡은 주로 찬양으로 선택하지만 불신자들의 거부감을 줄이기 위해 가정에 대한 건전한 노래를 불러도 좋다. '당신은 사랑받기 위해 태어난 사람' '좋으신 하나님' '우리에게 향하신' '축복송' 등 대부분이 알고 따라 하기 쉬운 곡으로 선택하는 것이 좋다.

• 간증

간증은 이날의 핵심이다. 간증을 듣게 하기 위해 여기까지 데려왔다고 해도 과언이 아니다. 간증자를 세울 때 될 수 있는 대로 교회에 나온 지 1년 이내의, 직분이 없는 성도를 세우는 것이 좋다. 불신자들의 공감을 얻기 위해서이다. 무엇보다 은혜가 충만하고 하나님과의 첫사랑으로 뜨거운 마음을 가진 사람이어야 한다. '간증하는 사람의 얘기가 바로 내 얘기'라는 마음을 주기 위해 초심자를 간증자로 세우는 것이다. 간증자는 반드시 간증문을 작성해야 하며, 5~10분 이내로 간증할 분량을 작성하되 간증문을 미리 교역자에게 보여주고 사전 검증을 받아야 한다. 간증 시간이 10분을 넘어가면 아무리 내용이 좋아도 불신자들은 지루해 한다. 간증문을 작성하지 않으면 초심자들은 긴장하거나 흥분하기 쉽고 그러면 간증이 이상한 방향으로 흘러가게 된다. 그래서 교역자가 다듬어 준 간증문을 그대로 읽게 하는 것이다.

- 목자의 축복기도 및 환송
간증을 마치면 바로 목자가 마지막 축복기도를 한다. 한 사람씩 이름을 불러가며 하나님이 그들의 가정과 식구들과 하는 일에 복을 주시고 지켜 주시기를 간절히 기도한다. 그리고 나면 준비된 선물을 하고 바로 배웅해야 한다. 초청된 불신자들을 바로 배웅해야 하는 이유는 다음과 같다.

첫째, 초청된 불신자들은 모임을 마치고 시간이 지체되면 은혜가 떨어지게 되므로 준비된 선물을 주고 바로 돌아가게 해야 한다. 불신자들이 이날에 받은 감동과 은혜를 마음에 품은 채 집으로 가도록 하는 것이다.
둘째, 초청된 불신자들을 배웅하면서 이날의 초청 잔치가 어땠는지 물어 보지 않는다. 선물 안에는 예쁜 카드에 축복의 말들을 정성껏 적어 한 번 더 감동을 받게 한다.
셋째, 하루나 이틀 후 반드시 다시 한 번 찾아가 만나야 한다. 그리고 돌아오는 주일에 바로 교회로 인도해야 한다. 목장초청 잔치까지 경험한 불신자들은 이미 익어서 떨어지는 밤송이와

같다. 그저 주워 담기만 하면 된다. 그러므로 목장초청잔치가
끝난 하루나 이틀 뒤에 다시 한 번 찾아가서 교회로 적극적으
로 인도해야 한다.

⑤ 목장초청잔치가 진행되는 동안 특별히 부탁하는 두 가지
• 처음부터 끝까지 웃어라
   초청된 불신자들이 은혜와 감동을 받는 것은 목장초청잔치의
   내용보다 성도들의 천사 같은 표정과 사랑의 섬김이다. 결국
   사람을 통해 감동과 은혜를 받는 것이다. 그래서 목장초청잔치
   가 진행되는 동안 불신자 앞에서 천사 같이 웃어야 한다.

• 처음부터 끝까지 성령의 역사를 마음속으로 계속 기도하라
   목장초청잔치는 영적 싸움의 최전방이다. 전쟁으로 말하면 적
   과 마주하고 육박전을 벌이는 자리라고 할 수 있다. 불신자들
   을 붙잡고 있는 마귀와 영적 싸움을 벌이는 최전방에서 성령께
   서 역사하셔야 승리할 수 있다. 그래서 식사나 게임을 하면서,
   노래나 간증을 들으면서 성령이 역사하기를 마음속으로 간절
   히 기도해야 한다.

⑥ 행사
• 2013 가을 목장초청잔치
   └ 일시 : 11월 8일(금)~11월 17일(주일)

∟ 장소 : 각 목장의 지정 장소

⑦ 진행사항

• 소그룹에서

∟ 전도대상자를 어떻게 섬겼는지, 영적 상태는 어떠한지를 서로 나누고 뜨겁게 기도한다.

∟ 목장초청잔치에 누구를 데려올 것인가를 점검한다.

∟ 목장마다 목장초청잔치를 목장별 지정 장소에서 진행한다.

⑧ 주의사항

지금까지 잘 준비되었다면 초청의 꽃이라 할 수 있는 목장초청잔치로 전도대상자를 초대해야 한다. 목장초청잔치는 그동안 관계를 가지면서 섬겨왔던 전도대상자에게 하나님의 은혜와 사랑을 전해줄 결정적인 자리이다. 4단계 '공동체로 초청하라'를 진행하면서 반드시 기억해야 할 것은 처음부터 끝까지 성령님을 의지해야 한다는 것이다.

⑨ 보고서 및 양식

• 목장초청잔치 요일별 일정표

	오전	오후
11월 8일(금)	서회경	곽정화 박진혜
11월 9일(토)	김수경 이순옥 오현정	고태혁 임동연 김래호 김옥수 손영훈 류수진 이병일 최성림 이현미 한성희

11월 10일(주일)		김성자 조상옥 김봉선 황의섬
11월 11일(월)	김정숙 이경아 최인화 허정숙	장선우 이정로
11월 12일(화)	김문숙 이혜숙 신일순 이연숙 우선희 오설아 김옥향 정은이 채영희	김경옥 김진헌 오선택 정우형
11월 13일(수)	김순래 김원옥 나혜정 정미희 신은혜	
11월 14일(목)	김순정 김영이 박진옥 한희영	김은희 서창현 조미란 조미행 최현호
11월 15일(금)	김나영 노혜현 이미숙 장찬숙 천명희	김광순 이은팔 인봉교 최종로 서상기
11월 16일(토)	김미경 김혜자 최인숙 박하나 전진석 이정미b 임헌재	김경영 김낙훈 박성현 유용섭 이경로 임창선 하명숙 임호연 전영애 하동만
11월17일 (주일)		김선 장미자

- ## 목장초청잔치 간증자 명단

남자	김경열 김봉기 김영길 김 철 김치윤 김홍준 노수형 안용덕 양용석 인봉교 이병일 이원덕 이종일 이한승 전칠봉 정진구 최영수
여자	강현숙 김금란 김미경d 김복순 김선희 김수진b 박진순 선주여 서미선 유금복 윤복순 이순식 이은희 이현미 장미자 정춘희 최 진 최현영 홍순정 홍영민

- ## 목장초청잔치 릴레이 금식표

구분/요일	10/27(주일)	10/28(월)	10/29(화)	10/30(수)	10/31(목)	11/1(금)	11/2(토)
아침 (06~12)	간증자 교육 및 간증문 작성	여자7교구	여자4교구	여자1교구	남자3교구	여자5교구	여자2교구
점심 (12~18)		여자6교구	여자3교구	남자1교구	사역자	여자4교구	여자1교구
저녁 (18~06)		여자5교구	여자2교구	남자2교구	청년부	여자3교구	남자1교구
구분/요일	11/3(주일)	11/4(월)	11/5(화)	11/6(수)	11/7(목)	11/8(금)	11/9(토)
아침 (06~12)	간증문 수정 및 간증자 집중기도	남자2교구	청년부	여자3교구	남자1교구	사역자	여자6교구
점심 (12~18)		남자3교구	여자7교구	여자2교구	남자2교구	청년부	여자5교구
저녁 (18~06)		사역자	여자5교구	여자1교구	남자3교구	여자7교구	여자4교구
11월10일(주일) 목자 기도회	11/11(월)	11/12(화)	11/13(수)	11/14(목)	11/15(금)	11/16(토)
	2013년 하반기(가을) 목장초청잔치					

- 목장초청잔치 찬양
  └ 즐거운 나의 집, 당신은 사랑받기 위해 태어난 사람, 좋으신 하나님,
  아주 먼 옛날, 우리에게 향하신

- 목장초청잔치 메뉴 및 재료
  └ 목장별로 할 수 있는 것만 몇 가지 골라서 준비함

메뉴	재료
양장피	햄,청오이, 당근, 맛살, 계란지단(흰색, 노랑색), 소고기, 양파, 부추, 새우 오징어, 월남쌈, 양장피, 해파리 소스
월남쌈	월남쌈, 양파, 소고기, 파프리카, 당근, 오이, 계란지단, 월남소스
김밥/유부초밥	햄, 맛살, 당근, 계란지단, 단무지, 오이, 시금치, 유부, 초밥촛물
샐러드	양상추, 각색파프리카, 적채, 샐러드 소스
오색샐러드	당근, 오이, 오징어, 계란지단(흰색, 노랑색), 소스
샌드위치	식빵, 감자, 햄, 당근, 오이, 각색파프리카, 맛살, 마요네즈
크루아상	크루아상 빵, 양상추, 슬라이스햄, 치즈, 피클, 토마토, 콘슬로우 드레싱 소스
과일	파인애플, 오렌지, 키위, 수박, 단감, 멜론, 포도, 방울 토마토
생선초밥	냉동 생선(초밥용), 초밥촛물, 와사비
수육/오장육	무생채, 무말랭이, 배추쌈, 돼지고기, 쌈장, 깻잎, 무쌈(당근, 오이)
오리훈제	오리훈제, 깻잎, 머스타드 소스
전	표고버섯, 각색파프리카, 맛살, 고추장, 밀가루, 청양고추, 두부, 동그랑땡, 계란
까나페	크래커, 슬라이스햄, 치즈, 체리, 파인애플, 생크림
단호박밥	단호박, 오곡밥, 재료(찹쌀, 팥, 은행, 밤 등)
국수	국수, 육수, 지단, 홍고추
캘리포니아쌈	청오이, 당근, 맛살, 계란지단(흰색, 노랑색), 참치, 양파, 마요네즈, 날김, 소스
골뱅이무침	통조림 골뱅이, 당근, 오이, 미나리(줄기만), 사과, 깻잎, 황태포(크기는 동일하게 썰 것) (양념 : 고추장, 고춧가루, 깨소금, 물엿, 마늘, 쪽파, 식초, 설탕-진하게)

버섯탕수육	표고버섯, 파프리카, 후르츠 통조림(양념 : 전분가루, 케찹, 식용유)
고추잡채	꽃빵, 돼지고기, 파프리카, 고추기름, 표고버섯, 부추
닭가슴살 샐러드	닭가슴살, 파프리카, 사과, 치커리

※ 장식용 : 방울토마토, 파슬리, 꽃송이(국화), 냅킨, 전지

• 목장초청잔치 진행순서

시간	순서	담당자	주의사항	준비사항
10:30~ 12:30	준비	목자 및 목원	• 준비기도회(참석할 VIP들의 이름을 부르며) • 환영장식(실내외) • 식사준비(식탁장식) 기타 진행 준비	환영장식 현수막
12:20~ 12:30	환영	환영 담당자	• 분위기 있는 음악을 틀어놓아도 좋다. • 현관에서 반갑게 영접한다. • 지정된 좌석으로 안내한다.	CD 플레이어
12:30~ 13:00	식사 (30분)	식사 담당자	• 진행자가 공식적으로 환영 인사를 한다. • 식사 전에 흰 종이나 천으로 음식을 덮어 두고 함께 열 수 있도록 한다. • 목원들은 양 옆에 있는 VIP들이 식사를 잘 할 수 있도록 돕는다. • 식사 중에 유쾌한 분위기를 위해 조크타임을 갖는다.	전지 혹은 흰천
13:00~ 13:20	게임 (20분)	진행자	• 게임 전 새로 오신 분들을 소개한다. • 식사 후 멘트와 함께 게임을 시작한다. • VIP들의 참여를 유도하면서 선물을 증정한다.	게임 선물
13:20~ 13:25	노래 (5분)	목자 진행자	• 진행자는 악보를 나눠 주면서 함께 부를 것을 제안한다. • VIP들이 따라 부를 수 있는 곡으로 선정한다. • 마지막은 조용한 찬양으로 하나님에 대해 생각해 볼 수 있는 곡이면 좋다.	악보
13:25~ 13:30	간증 (5분)	간증자	• 진행자가 간증자를 소개한다. • 모임에 참여하면서 지난 O개월(년)사이에 삶에 큰 변화를 경험한 OO님의 이야기를 함께 들었으면 합니다. • 간증자는 간증문을 읽도록 한다.	간증문
13:30~ 13:35	마무리 (5분)	목자 진행자	• VIP들이 참석한 것에 대해 감사를 표현한다. • VIP들의 이름을 불러가며 축복기도를 해준다. (가정, 자녀, 직장, 사업장)	VIP 메인 선물 VIP를 위한 환영 카드
13:35~ 13:40	환송 (5분)	다같이	• 감사와 축복을 표현하며 환송한다.	

3. 목장초청잔치 간증자 매뉴얼

① 간증

목장초청잔치에 있어서 간증은 이날의 꽃이며 하이라이트이다. 목회자의 설교가 없기 때문에 간증자가 설교자이며 간증이 곧 설교다. 간증을 듣게 하기 위해 전도대상자들을 여기까지 데려왔다고 해도 과언이 아니다. 간증자를 세울 때 될 수 있으면 교회에 나온 지 1년 이내의, 직분이 없는 성도들을 세우는 것이 좋다. 간증하는 사람의 얘기가 바로 내 얘기라는 마음을 주기 위해서이다.

② 간증문 작성 시 주의사항

간증자는 반드시 간증문을 작성해야 하며, 5~10분 이내로 간증할 분량을 작성하되 간증문을 미리 교역자에게 보여주고 사전 검증을 받아야 한다. 시간이 10분을 넘어가면 아무리 훌륭한 내용이라도 전도대상자는 지루해 한다. 또한 미리 간증문을 작성하지 않으면 긴장하거나 흥분해서 간증이 이상한 방향으로 흘러가기 쉽다. 그러므로 교역자들이 다듬어 준 간증문을 그대로 읽는 것이 가장 좋다. 간증문을 작성할 때 일상생활에서 소재를 찾는 것이 매우 중요하다.

(예 : 남편, 자녀, 평범한 이야기 등. 평범한 일상생활의 이야기가 전도대상자가 공감하기 쉽기 때문이다.)

③ 간증문 작성 요령

• 예수님을 믿기 전에 나는…

    ㄴ 예수님을 믿기 전에 당신의 삶에서 가장 중요한 요소들은 무엇이었

      습니까?

    ㄴ 듣는 이들(초청자-불신자)과 공감대를 형성하십시오.

    ㄴ 과거의 죄를 자세히 말하거나 자랑하지 마십시오.

• 예수님을 믿게 된 동기와 배경

    ㄴ 어떤 사건이나 환경이 예수님을 영접하게 했습니까?

    ㄴ 한 가지 주요 요인이나 문제(평안이 없음, 자만, 공허, 무의미, 환난)

      를 주제로 사용해 보십시오.

    ㄴ 이런 것이 당신의 일상생활에 어떤 영향을 미쳤습니까?

    ㄴ 예수님을 믿기 전 당신이 가장 좋아했던 것을 나누십시오.

• 예수님을 믿은 후의 변화

    ㄴ 어떻게 예수님을 영접했나요? 그리고 이 일이 당신을 어떻게 변화시

      켰습니까?

    ㄴ 예수님께 집중하십시오. 그분의 사랑과 공급을 나누십시오.

    ㄴ 예수님을 영접하게 된 과정을 나누십시오.

    ㄴ 성경 한 구절을 인용하십시오.

    ㄴ 종교적인 단어는 피하십시오. 대신 그들이 쉽게 이해할 수 있는 말을

      사용하십시오.

- 예수님을 믿은 후 갖게 된 삶의 비전과 신앙고백

  └ 예수님께서 당신의 삶을 어떻게 변화시켰으며, 지금 당신의 삶 속에서 어떻게 역사하고 계십니까?

  └ 앞서 언급한 원칙들을 참고하여 예수님이 당신의 문제를 어떻게 해결하여 주셨는지 보여주십시오.

  └ 가장 감동적인 변화에 초점을 맞추십시오.

  └ 정직하고 진실하게 하십시오.

  └ 당신이 받은 평안, 기쁨, 구원의 확신 등을 나누십시오.

  └ 지금 당신의 삶 속에서 하나님과 함께하면서 누리게 된 감사와 감격을 나누십시오.

4. 목자와 하루 한 끼 금식하며 기도로 준비하라

간증자가 선정되면 간증자와 목자는 새벽기도 시간에 간증을 위하여 기도하고, 매일 한 끼씩 금식하며 기도로 준비해야 한다. 간증하는 시간에 성령님이 역사하셔서 초청된 전도대상자들의 마음을 완전히 녹이고 깨뜨려야 하기 때문이다. 또한 이 시간은 복음이 유일하게 전해지는 시간이기 때문이다.

- 진행자 : 성령의 기름부음이 넘치도록
- 간증자 : 하나님의 능력과 성령의 감동하심이 나타나도록
- 장소 제공자 : 하나님의 축복이 임하도록
- 목원들 : 기쁨으로 주님께 영광 드리도록

- '성령님 우리들의 온 몸과 영혼에 기름을 부으소서. 간절히 갈망합니다.'

5. 목장초청잔치 진행자 매뉴얼

① 목장초청잔치 식사 전 주의사항

- 시작 전 기도하기 : 오늘 참석하게 될 전도대상자와 간증자를 위해 합심하여 기도하고 목자가 마무리 기도한다.
- 손님맞이 : 세상에서 가장 기쁜 얼굴로 전도대상자를 맞이한다. 전도대상자들 사이에 목원들이 앉아 전도대상자를 섬길 수 있도록 한다.
- 재미있고 간단한 유머로 분위기를 최대한 끌어 올려야 한다. 정치 이야기나 군대 이야기는 절대 사절이다.
- 목원들은 처음부터 끝까지 웃어야 한다(사전 교육 필요).
- 목원들은 처음부터 끝까지 성령님이 일하시도록 마음속으로 계속 기도해야 한다.

② 식사 및 소개하기

- 식탁을 공개하기 전 : 먼저 간단한 인사 및 자기소개를 한다. "안녕하세요. 저는 이 집에 살고 있는 ○○○입니다. 저희 교회에서는 일 년에 2번, 봄과 가을에 가까운 이웃이나 사랑하는 사람을 초청해서 사랑을 나누는 시간을 갖고 있습니다. 저희들이 여기 오신 여러분들을 생각하면서 3일 전부터 정성껏 준비했습니다. 맛있

게 드시고 즐거운 시간 되셨으면 합니다. 먼저 상을 덮고 있는 종이를 우리 함께 열어 볼까요. 하나, 둘, 셋. 함성!"

- 식탁을 공개하고 나서 : 목원들은 전도대상자들이 편안하게 식사할 수 있도록 돕는다.
  "정성껏 준비한 만큼 맛있게 드셔 주시면 감사하겠습니다."

- 식사가 거의 마무리되었을 때
  "맛있게 드셨나요?"
  (아직 음식을 드시고 계신 분이 있다면) "음식은 충분히 있습니다.
  … 우리 3분만 더 드시겠습니다."

- 참석자 소개하기 : 초청한 사람이 전도대상자를 간단히 소개한다.
  "이렇게 저희들의 초대에 응해 주셔서 너무 감사드립니다. 맛있게 드셨습니까? 자! 식사하느라고 옆에 계신 분들이 누군지 잘 모르셨을 텐데 서로 소개하는 시간을 가졌으면 합니다. 초청하신 분이 모시고 온 분에 대해 간단하게 소개해 주셨으면 합니다."

- 주의사항
  ㄴ 약속된 시간에 정확하게 시작하라(미리 온 전도대상자에게 기준을 두는 것이 좋다).

ㄴ 초청한 사람들이 다 오지 않은 상황이라도 먼저 식사를 시작하라.

ㄴ 식사기도는 하지 말고 박수치고 바로 시작하라(목원들만 눈뜨고 기도하라).

ㄴ 목원들은 미리 식사를 하거나 나중에 하도록 하라(초청된 불신자들이 마음껏 식사하도록 최선을 다해 옆에서 섬겨주는 것이 목원들의 역할이다).

ㄴ 초청자 소개는 간단하게 한다(집사, 성도, 자매라는 용어를 사용하지 말고 대신 어디에 사는 누구 엄마, 아빠, 가게, 직업 등으로 간단히 소개한다).

③ 게임하기

"이렇게 모이기 힘든데 이왕 모였으니 간단한 게임을 하면서 더 의미 있는 시간을 가졌으면 합니다. 제가 몇 가지 게임을 준비했습니다. 물론 선물도 푸짐하게 준비했습니다. 게임에 들어가기 전에 핸드폰은 잠시 진동으로 해 두시거나 꺼주시면 감사하겠습니다."

• 안마하기

"음식 준비하시느라 힘드셨고, (오신 분 중 아이가 어린 분들은) 아이 안고 다니느라 힘드셨고, 자! 우리 앞에 계신 분의 어깨와 등을 안마 해드리겠습니다. 오른쪽으로 모두 돌아 앉아주세요. 시속 20km, 40km, 60km, 고속도로 진입했습니다. 100km, 앞에 감시 카메라, 멈추세요. 자! 이번에는 반대로 해보겠습니다. 뒤돌아서 좀 전에 세게 때린 분 복수혈전입니다(앞과 동일하게 진행한다)."

- 가위, 바위, 보
"이번에는 가위, 바위, 보 게임을 해보겠습니다. 두 분씩 짝을 지어서 가위, 바위, 보를 하시면 됩니다. 저랑 똑같은 것을 내거나 진 분은 손을 내려 주시면 됩니다. 마지막에 남은 분께 선물 드릴게요."

- 젓가락으로 종이 빼기
"이번에는 누가 힘이 센가 볼까요? 두 분이 한 장씩 종이를 가져주시고요, 젓가락도 들어주세요. 사회자가 하나, 둘, 셋 하면 젓가락으로 종이를 서로 당겨서 뺏어 주시면 됩니다"(마지막에 남은 한 분에게 선물을 드린다).

- 귤 먹고 휘파람 불기
"사회자가 귤을 드리겠습니다. 옆에 있는 사람끼리 팔짱을 끼시고 남는 손으로 귤을 까서 사이좋게 나눠드시고 먼저 휘파람을 부는 팀에게 선물 드리겠습니다."

- 초성게임
  ┗ 동물 : ㄷㅈ(돼지), ㄱㅇㅈ(강아지), ㄱㅇㅇ(고양이), ㅇㄹ(오리),
  　　ㄲㅁㄱ(까마귀)

ㄴ, 음식 : ㄸㅂㄱ(떡볶기), ㅅㅍㄱㅌ(스파게티), ㄷㅂ(두부), ㅁㄷ(만두),

ㅇㄷ(우동)

ㄴ, 식물 : ㅅㅇㅈ(선인장), ㄱㄴㅋ(강남콩), ㅋㅅㅁㅅ(코스모스),

ㅅㄴㅁ(소나무), ㄷㄴㅁ(대나무)

ㄴ, 물건 : ㅇㅍ(연필), ㅂㅍ(볼펜), ㅍㅌ(필통), ㅅㅇㅍ(색연필), ㄴㅌ(노트),

ㅇㅂ(앨범)

ㄴ, 연예인 이름 : ㅇㅈㅅ(유재석), ㄱㅎㄷ(강호동), ㅈㄷㄱ(장동건),

ㅆㅇ(싸이), ㅈㅇㅍ(조용필)

- 반대 동작

사회자가 손을 올리면 손을 내리고, 손을 내리면 손을 올리고, 손을 좁히면 손을 넓히고, 손을 넓히면 손을 좁히고, 손을 아래에서 반짝이면 손을 위에서 반짝이면 된다. 노래를 부르면서 사회자가 하는 동작에 반대로 따라 하게 하면 된다. 주로 4박자 노래를 부르면서 게임을 진행하면 된다(아버지는 나귀타고, 뽀뽀뽀 등).

- 손병호 게임

발음하기 어려운 단어를 처음에 시작하는 사람은 한 번, 다음 사람은 두 번, 다음 사람은 세 번. 계속 숫자를 더해서 발음하면 된다. 발음을 정확하게 빨리 해야 한다. 발음이 정확하지 않으면 바로 땡!

예 : 건표고버섯, 확률분포표, 안흥팥찐빵, 참치꽁치찜, 갓볶은커
피, 청송콩찰떡, 맛감각신경

- 이구동성 게임

  상을 중심으로 팀을 나누되 4명이 한조가 되게 편을 나누고 상
  의 맞은편 조가 문제를 맞춘다. 몇 번에 맞추는지가 중요하다.

  예 : 늑대소년, 설상가상, 김치찌개, 죽마고우, 성형외과, 사천짜장, 동
  태찌개, 아이언맨, 역지사지, 혼비백산, 과대망상, 일장춘몽, 살신
  성인, 승승장구 등

- 이름대기 게임

  상을 중심으로 팀을 나눈다. 사회자가 부르는 주제에 대해 돌아
  가면서 끝날 때까지 대답하면 된다.

  예 : 역대 대통령 이름 , 산 이름, 영화 제목, 드라마 제목, 각 나라 수
  도, 프로야구팀 이름, 강 이름

- 주의사항

  ㄴ 어느 정도 식사를 마치면 기다리는 사람이 없도록 유머나 게임으로
  분위기를 좋게 해야 한다(식사를 빨리 마친 전도대상자들이 지루하지
  않게 해야 한다).

  ㄴ 게임은 쉽고 간단하면 좋다. 전도대상자들이 이길 수 있도록 기도하
  고 노력하라.

ㄴ 목원들이 구경꾼이 되면 안 된다. 전도대상자들이 마음을 열 수 있도록 적극적으로 참여해 주어야 한다.

ㄴ 게임이 너무 길면 지루해질 수 있다. 그러므로 게임은 20분을 넘기지 않도록 한다. 4~5가지 정도의 게임을 준비하면 좋다.

④ 찬양하기

"즐거우셨나요? 즐거운 마음을 모아서 이제 노래방에 갔으면 합니다. 노래방 비용은 제가 쏘겠습니다. 다들 시간이 되시죠? 바쁘다고요? 그래서 제가 노래방에 갈 수 없는 분들을 위해 미리 악보를 준비해 왔습니다. 악보를 받아주시고요. 처음 부르실 곡은 여기 계신 분들의 가정이 모두 행복한 가정이 되셨으면 하는 바람으로 '즐거운 나의 집'으로 골랐습니다. 불러보겠습니다. …우와! 다들 너무 잘하시네요. 다음은 방송에서도 자주 나오는 곡이죠. '당신은 사랑 받기 위해 태어난 사람'이때 분위기가 좋으면 옆 사람을 축복하며 한 번 더 해도 좋고, 옆 사람과 손을 잡고 서로 축복하면서 불러도 좋다. …한 곡만 더 불러볼게요. '좋으신 하나님'인데요, 곡이 쉬워서 처음보시는 분들도 부르실 수 있을 것 같아요. 자! 다함께 불러보겠습니다."

⑤ 간증듣기

"여기 계신 분 중에 ○○○엄마(○○○아빠)가 계세요. 귀한 분들을 모신 이 자리에서 그동안 살아오신 이야기(혹은 교회에 다니면서 어떤 일들이 있었는지)를 말씀해 달라고 부탁드렸더니 떨리신다고 써오셨어요. 아까 잠깐 보니 짧게 써오셨더라고요. 많이 떨고 계시는데 우리 모두 격려의 박수를 보내드리면 좋겠습니다. 박수! 자! 그럼 ○○○엄마(○○○아빠)의 살아오신 이야기를 한번 들어 보겠습니다."

- 주의할 점
  - ㄴ 간증은 목장초청잔치의 핵심이며 하이라이트다. 이때 목원들은 간증자와 이곳에 초청되어온 전도대상자들을 위해 하나님의 은혜를 간구하며, 살아계신 하나님이 일하시도록 중보기도 해야 한다.
  - ㄴ 간증은 5분 이내로 한다(A4 용지 한 장 분량의 간증문 준비).
  - ㄴ 간증자는 준비한 간증문을 그대로 읽는다. 이것은 매우 중요하므로 꼭 명심해야 한다.

⑥ 축복기도 및 마침
- 축복기도
"여러분 앞에서 솔직하게 말씀해 주셔서 감사합니다. 이번에는 제가 여기 계신 여러분들을 위해 축복기도를 하고 이 자리를 마칠까 합니다."

- 축복기도 후 마칠 때
"오늘 귀한 여러분들을 뵙게 되어 너무 반가웠고요. 귀한 시간 내주셔서 다시 한 번 감사합니다. 다음에 또 뵙게 되면 좋겠습니다. 감사합니다."

- 주의사항
  ↳ 목자가 초청되어 온 불신자들을 위해 축복기도를 한다(기도문을 미리 작성하면 더욱 좋다).
  ↳ 초청된 사람의 이름을 한 사람씩 불러가며 가정이나 식구들과 하는 일을 위해 기도하라.
  ↳ 축복기도를 마치면 준비된 선물을 주고 빨리 보내야 한다(지체할수록 은혜가 떨어진다).
  ↳ 초청자들을 모셔다 드리면서 목장초청잔치에 대해 절대 묻지 말라 (오늘 어떠했는지, 무엇이 좋았는지 묻지 말고 바로 집으로 모셔다 드리는 것이 좋다).
  ↳ 선물 속에 예쁜 카드를 준비하는 것도 좋다.

6. 목장초청잔치 간증문 예시

간증문 1

저는 보통 사람보다 조금 더 예민한 사람이었습니다. 또한 분노를 참지 못하며 작은 일에도 화를 잘 내는 그런 사람이었습니다. 저에게는 어릴 적부터 가지고 있던 질병이 있습니다. 그 병을 치료하러 다니느라 학창시절 학교 수업을 밥 먹듯이 빼 먹었고, 친구들과도 평범한 교우 관계를 나눌 수 없었습니다. 또한 하루 세 번 꼭 시간에 맞춰 약을 챙겨 먹어야 했기 때문에 집이 아닌 밖에서는 언제나 예민한 상태로 신경을 곤두세우고 지낼 수밖에 없었습니다.

이런 생활을 20년 넘게 지속하다보니 제 성격은 자연스럽게 예민해져 다른 사람에 대한 경계심을 품고 살게 되었습니다. 다행이 마음 넓고 지혜로운 아내를 만나 결혼을 하게 되었고, 예쁜 딸도 낳아 키우면서 조금씩 저의 성격과 삶도 변화되어 갔습니다. 그렇지만 병의 증세가 조금씩 심해지면서 병원에서 뇌수술에 대한 이야기까지 오가게 되었습니다. 이로 인해 저는 다시 예전의 예민한 모습으로 변하게 되었습니다. 아내는 그런 저로 인해 많이 힘들어했고, 육아와 직장생활까지 병행하며 힘든 나날을 보내야 했습니다. 그러던 중 아내가 직장동료의 권유로 교회에 나가게 되었습니다. 그 뒤로 여러 차례 교회에 다녀오더니 어느 날엔가 밝아진 얼굴로 나에게 "자기야 같이 교회에 나가보지 않을래? 교회에 가니까 그냥 마음이 너무 좋은데 자기랑 함께 가면 더 좋을 것 같아." 하고 말했습니다. 저는 병을 고치기 위해 어릴 때 절에서 불공도 드리고, 굿도 해보고, 안 해본 것이 없었기에 교회에 나가는 것이 크게 마음에 와 닿지 않았습니다. 다행히 아내는 저에게 강요하지 않았고 아이와 둘이서만 교회에 나갔습니다.

어느 날 비가 많이 와서 아내와 아이를 교회 앞까지 데려다 주러

갔다가 아내의 손에 이끌려 예배당에 들어가게 되었습니다. 예배 후 전도사님과 인사를 하면서 주일 날 뵙겠다고 하시는 말씀에 아무 생각 없이 대답을 하고는 집으로 돌아 왔습니다. 그런데 꼭 약속을 하고 온 것 같아 주일예배에 나가지 않으면 안 될 것 같은 생각이 자꾸만 들었습니다. 그래서 어쩔 수 없이 주일예배에 나가게 되었습니다. 처음 교회에 갔던 날 저는 예배에서 이루 말할 수 없는 마음의 평온함을 느낄 수 있었습니다. 예배가 끝나고 마지막 찬양 시간에 눈에서 뜨거운 눈물이 흘러 주체할 수가 없었고, 아내는 그런 저의 모습을 보며 놀라워했습니다. 그렇게 마음의 평온함을 느끼고 돌아온 후 저는 그런 경험에 놀라 '또 그럴까?'하는 호기심에 주일마다 교회를 찾게 되었습니다. 그런데 이유 없이 처음 들어본 찬양 소리가 좋았고, 찬양을 따라 부르다 보면 온 몸이 전율하는 것을 느낄 수 있었습니다. 그리고 마음의 평안을 얻을 수 있었습니다. 항상 타인을 경계하고 예민하게 지냈었는데 마음의 평안을 갖고 보니 조금씩 여유로워지고 어느새 병의 증상도 눈에 띄게 줄어들었습니다. 하지만 항상 증상의 기복이 있었던 터라 크게 기대하지 않은 채 서울대병원에 검사예약을 했습니다. 그리고 아내와 손을 잡고 병에 대해 많은 기도를 하였습니다. 기도하는 동안 "두려워하지 마라 강하고 담대하라"는 구절이 제 마음 속에서 떠나지 않았습니다. 저는 검사 결과가 좋지 않더라도 감사하는 마음으로 담대하게 생각하리라 다짐하며 검사 결과를 들으러 갔습니다.

그 곳에서 저는 다시 한 번 하나님의 사랑을 느낄 수 있었습니다. 29개던 간질파가 1개로 줄어들었던 것입니다. 담당 교수님조차 이해하기 힘든 정도라고 하셨고, 저와 아내는 주님이 하신 일이라고 굳게 확신하게 되었습니다. 이렇게 저를 사랑하시고 지켜 주시는 하나님이 있다고 생각하니 제 삶의 모든 것이 너무 감사하고 든든해 졌습니다. 그때부터 소극적이고 자신감 없고 예민하던 저에게 조금씩 자신감이 생기게 되었습니다. 저는 스스로 성가대에 지원하여 많은 사람들 앞에서 찬양을 하게 되었고 그 안에서 많은 즐거움과 행복을 느끼게 되었습니다. 이런 작은 변화들로 아내와 다투는 일도 줄어들었고, 아내와 아이가 행복해 하니 저 또한 행복감을 느낄 수가 있었습니다.

저는 주님께 감사하는 마음으로 보답할 길을 찾다보니 여기까지 오게 되었습니다. 제가 제 질병에 대해 친분이 없는 타인에게 말한 것은 이번이 처음입니다. 하지만 저의 경험을 통해 하나님이 살아계신 것을 전하고 싶었기에 용기 내어 이 자리에 섰습니다. 저는 지금 너무 행복합니다. 저는 저의 이런 마음을 다른 사람에게 전하는 '발이 아름다운 사람'이 되고 싶습니다. 이 자리에서 저의 이야기를 끝까지 들어주신 여러분께 감사드립니다.

간증문 2

안녕하세요. 저는 제자들교회에 다니는 ○○○입니다. 저희 가족은 남편과 두 자녀 이렇게 네 식구입니다. 저는 태어나서 교회에 한 번도 가본 적이 없는 사람이었습니다. 저는 항상 스스로 노력한 만큼 잘 살게 된다고 생각하며 살았습니다. 남편은 건축 사업을 하는데 가정적이고 성실했고, 딸과 아들은 착실하게 공부 잘하는 모범생으로 커가고 있었습니다. 저는 전업적인 가정주부로서 남편과 아이들을 열심히 뒷바라지 하며 살았습니다.

그러던 중 딸이 교육대학을 나와서 초등교사가 되려고 초등임용고시를 봤습니다. 대학교 때도 장학생으로 다녔고 성적도 우수하여 합격할 줄만 알았는데 떨어지고 말았습니다. 지금까지 실패라고는 없었는데 너무 좌절하였습니다. 딸은 학교를 졸업한 후라 혼자 힘으로 도서관에서 공부를 해야만 했습니다. 그런 딸을 보는 엄마의 심정은 말로 할 수 없습니다. 재수해서 다시 시험을 봤는데 또 떨어지고 말았습니다. 최선을 다해서 공부했고 엄마로서 열심히 뒷바라지 했다고 생각했는데 더 이상 해줄 것이 없었습니다. 저도 같이 지치고 힘들어서 죽고만 싶었습니다. 딸은 더 이상은 못하겠다며 밖에도 안 나가고 계속 누워서 울기만 했고, 저도 마찬가지로 밖에 안 나가고 울기만 했습니다. 낮에도 밤처럼 앞이 캄캄하였습니다. 그러던 중에 이천에 사는 언니가 찾아 왔습니다. 언니는 딸과 저를 잡고 기도를 해주었는데 그때 많은 눈물이 났습니다.

언니는 교회에 나가 보라고 했습니다. 남편과 저는 서점에 가서 성경책을 사고 언니가 일러준 감리교회를 찾던 중 제자들감리교회가 눈에 들어왔습니다. 처음으로 교회에 갔는데 모든 것이 낯설고 무서웠습니다. 그래도 너무 답답해서 제 발로 교회를 찾아갔습니다. 처음 예배드리던 날 눈물이 어찌나 나오던지 울고 또 울었습니다. 그 후 주일마다 열심히 교회에 다녔습니다. 교회에 가면 따뜻하고 편안한 마음이 들었고, 목사님의 설교 말씀은 위로와 힘이 되었습니다. 목장예배에도 나갔습니다. 우리 목원들이 간절히 중보기도도 해주셔서 저는 힘을 얻을 수 있었습니다. 딸도 다시 힘을 내어 공부를 시작했습니다. 새벽예배도 참석하며 간절히 기도했는데 신기하게도 마음에 편안함과 기쁨이 있었습니다. 저는 교회 가는 시간이 기다려지고 즐거워졌습니다. 딸은 다시 시험을 봐서 합격을 했는데 천안 쪽으로 발령이 나서 딸과 떨어져 있어야 했습니다. 저는 딸이 다시 공부를 해서 대전으로 왔으면 하는 마음이 들어서 계속 기도를 했습니다. 그런데 신기하게도 초등임용고시 시험이 1주일 남았는데 딸이 하는 말이 다시 대전으로 시험을 보려고 원서를 냈다고 하는 겁니다. 저는 그때 '아 하나님이 이 엄마의 기도를 들어주셨구나. 이번에는 꼭 대전에서 합격할 것이다.' 하는 확신이 들었습니다. 딸은 책을 놓은 지가 1년이 다 되었는데 엄마아빠가 원해서 그냥 보는 거니까 기대는 하지 말라고 했습니다. 하지만 딸은 우수한 성적으로 합격했습니다. 살아계신 하나님께서 딸을 위해 새벽마다 눈물로써 기도드린 것을 외면하지 않고 들어주셨습니다. 딸은 지금 대전에 있는 학교에서 근무하고 있습니다.

지금은 아들이 대학 4학년이라 취업을 앞두고 있습니다. 저는 하나님께서 이번에도 필요한 곳으로 인도해 주실 줄 믿고 새벽마다 교회에 가서 기도하고 있답니다. 제가 자녀에게 해줄 것은 기도밖에 없다고 생각하고 모든 것을 하나님께 맡기고 기도합니다. 하나님은 살아계시고, 우리가 하나님께 기도하면 들어주시고 마음에 기쁨과 평안함을 주시는 분입니다.

7. 목장초청잔치 결과

교구	번호	목장	일시	시간	장소	간증자	진행자	참석인원 목원	참석인원 새신자
남자1교구	1	오선택	2013-11-12(화)	PM 7:00	오선택	정규상	오선택	5	4
	2	김광순	2013-11-15(금)	PM 7:00	김광순	김치윤	김광순	3	3
	3	이정로	2013-11-11(월)	PM 7:00	이정로	정규상	강진구	8	4
	4	이은팔	2013-11-15(금)	PM 7:00	김광순	김치윤	김광순	5	3
	5	박성현	2013-11-16(토)	PM 7:00	박성현	김봉기	강진구	6	5
	6	최종로	2013-11-15(금)	PM 7:00	최종로	정진구	최종로	6	5
	7	김진헌	2013-11-16(토)	PM 7:00	박성현	김봉기	강진구	5	7
	8	이진구	어르신 목장						
	9	김갑영	어르신 목장						
여자1교구	1	김정숙	2013-11-11(월)	AM 12:30	김정숙	강현숙	김규리	8	8
	2	장찬숙	2013-11-15(금)	AM 12:30	김재숙	유금복	이기쁨	5	7
	3	임헌재	2013-11-16(토)	AM 12:30	임헌재	김금란	이기쁨	4	5
	4	김영이	2013-11-14(목)	AM 12:30	김경애b	유금복	김규리	5	9
	5	신은혜	2013-11-13(수)	AM 12:30	이기쁨	강현숙	이기쁨	4	5
	6	채영희	2013-11-12(화)	AM 12:30	채영희	유금복	이기쁨	3	4
	7	김점자	어르신 목장						
	8	백승순	어르신 목장						
	9	김숙자	어르신 목장						
	10	유금복	어르신 목장						
여자2교구	1	김영호	어르신 목장						
	2	신일순	2013-11-12(화)	AM 12:30	이연숙	홍순정	이미숙	3	5
	3	이미숙	2013-11-15(금)	AM 12:30	이미숙	윤복순	이미숙	5	6
	4	김봉선	2013-11-10(주일)	PM 5:00	강영실	윤복순	강영실	4	5
	5	오현정	2013-11-9(토)	AM 12:30	오현정	홍순정	이미숙	4	4
	6	이연숙	2013-11-12(화)	AM 12:30	이연숙	홍순정	이미숙	5	5
	7	황의섬	2013-11-10(주일)	PM 5:00	강영실	윤복순	강영실	4	4
	8	한희영	2013-11-14(목)	AM 12:30	강영실	홍순정	강영실	5	5
여자3교구	1	곽정화	2013-11-8(금)	PM 7:00	곽정화	이은희	곽정화	5	7
	2	김은희	2013-11-14(목)	PM 7:00	김은희	이은희	김은희	4	5
	3	박진혜	2013-11-8(금)	PM 7:30	박진혜	김수진b	김은희	5	7
	4	최인숙	2013-11-16(토)	AM 12:00	최인숙	김수진b	한정숙	4	6
	5	우선희	2013-11-12(화)	AM 12:30	이종이	강현숙	한정숙	4	6
	6	조미란	2013-11-14(목)	PM 6:00	조미란	김선희	곽정화	4	6
	7	김혜자	2013-11-16(토)	AM 12:00	최인숙	김수진b	한정숙	4	3
	8	김 선	2013-11-17(주일)	PM 5:00	김 선	김선희	곽정화	3	5
합계								130	146

교구	번호	목장	일시	시간	장소	간증자	진행자	참석인원 목원	참석인원 새신자
남자 2교구	1	임호연	2013-11-16(토)	PM 7:00	임호연	정진구	임호연	7	6
	2	노상옥	2013-11-10(주일)	PM 7:00	노상옥	인봉교	김인태	5	5
	3	하동만	2013-11-16(토)	PM 7:00	이동춘	이원덕	하동만	12	8
	4	김래호	2013-11-9(토)	PM 7:00	김래호	이종일	김인태	6	4
	5	유용섭	2013-11-16(토)	PM 7:00	유용섭	안용덕	김인태	6	6
	6	최성림	2013-11-9(토)	PM 7:00	최성림	전칠봉	최성림	6	4
	7	서상기	2013-11-15(금)	PM 7:00	서상기	최용수	김인태	4	4
	8	서창현	2013-11-14(목)	PM 7:00	서창현	김경열	서창현	6	6
	9	정우형	2013-11-12(화)	PM 8:00	정우형	이한승	고태혁	5	5
	10	이경로	2013-11-16(토)	PM 6:30	이경로	김 철	이경로	5	3
여자 4교구	1	김경옥	2013-11-12(화)	PM 7:00	김경옥	장미자	김수경	5	6
	2	이순옥	2013-11-9(토)	AM 12:30	이순옥	김복순	정은이	6	4
	3	한성희	2013-11-9(토)	PM 1:00	한성희	정미경	한성희	5	5
	4	임창선	2013-11-16(토)	PM 6:00	전영자	김복순	김수경	6	7
	5	전영애	2013-11-16(토)	PM 6:00	전영애	이현미	곽가영	7	3
	6	하명숙	2013-11-16(토)	PM 6:00	전영자	김복순	김수경	4	3
	7	이현미	2013-11-9(토)	PM 6:00	강현옥	장미자	김순정	4	6
	8	장미자	2013-11-17(주일)	PM 6:00	장미자	이현미	장미자	6	6
	9	김옥수	2013-11-16(토)	PM 6:00	조영선	최현영	손영훈	6	3
	10	이관순	어르신 목장						
여자 5교구	1	박진옥	2013-11-14(목)	AM 12:00	박진옥	정춘희	박진옥	4	4
	2	정미희	2013-11-13(수)	AM 12:00	정미희	서미선	정미희	3	3
	3	김옥향	2013-11-12(화)	AM 12:00	김옥향	정춘희	김옥향	5	5
	4	김성자	2013-11-10(주일)	PM 5:00	김성자	정춘희	김성자	5	5
	5	허정숙	2013-11-11(월)	AM 12:00	허정숙	정춘희	허정숙	5	4
	6	정은이	2013-11-12(화)	AM12:00	김성자	서미선	정은이	4	4
	7	김나영	2013-11-15(금)	AM 12:00	정의숙	정춘희	김나영	4	4
	8	정민자	어르신 목장						
	9	윤정임	어르신 목장						
							합계	141	123

4장 전도소그룹 실행과정

교구	번호	목장	일시	시간	장소	간증자	진행자	참석인원 목원	참석인원 새신자
남자3교구	1	고태혁	2013-11-9(토)	PM 7:30	고태혁	이한승	고태혁	3	3
	2	임동연	2013-11-9(토)	PM 7:30	고태혁	이한승	고태혁	4	4
	3	인봉교	2013-11-15(금)	PM 7:30	인봉교	노수형	인봉교	8	5
	4	김낙훈	2013-11-16(토)	PM 7:00	김낙훈	김경열	김낙훈	3	3
	5	김경열	2013-11-16(토)	PM 7:00	김낙훈	김경열	김낙훈	4	2
	6	장선우	2013-11-11(월)	PM 7:30	정선우	이병일	장선우	9	5
	7	최현호	2013-11-14(목)	PM 7:30	김석재	박진순	최현호	6	4
	8	손영훈	2013-11-9(토)	PM 6:00	김인호	최현영	손영순	5	3
	9	이병일	2013-11-9(토)	PM 500	장선우	홍영민	이병일	4	3
	10	전진석	2013-11-16(토)	AM 12:30	전진석	양용석	전진석	4	3
여자6교구	1	천명희	2013-11-15(금)	AM 12:30	천명희	선주영	이혜숙	4	5
	2	서회경	2013-11-8(금)	AM 12:00	조은미	김미경d	서회경	5	4
	3	이혜숙	2013-11-12(화)	AM 12:30	이혜숙	김미경d	이혜숙	5	7
	4	김수경	2013-11-9(토)	AM 12:30	김용희	운복순	김수경	6	4
	5	김미경	2013-11-16(토)	AM 12:00	김미경	이현미	이정미	3	3
	6	김순래	2013-11-13(수)	AM 12:00	김순래	선주영	김수경	3	3
	7	김문숙	2013-11-11(월)	AM 12:00	이혜숙	김미경d	이혜숙	3	3
	8	김순정	2013-11-14(목)	AM 12:30	김순정	최현영	김순정	7	5
	9	이정미b	2013-11-16(토)	AM 12:30	김미경	이현미	이정미b	3	3
여자7교구	1	김원옥	2013-11-13(수)	AM 12:00	김원옥	최 진	이경아	6	6
	2	나혜정	2013-11-13(수)	AM 12:00	나혜정	이순식	노혜현	5	8
	3	노혜현	2013-11-15(금)	AM 12:00	노혜현	홍영민	류수진	3	4
	4	류수진	2013-11-9(토)	PM 5:00	최인화	홍영민	이병일	3	4
	5	박하나	2013-11-16(토)	AM 12:30	박하나	양용석	전진석	5	5
	6	오설아	2013-11-12(화)	AM12:00	오설아	최 진	한영진	5	7
	7	이경아	2013-11-11(월)	AM 12:00	이경아	박진순	김원옥	6	5
	8	조미행	2013-11-14(목)	PM 7:30	조미행	박진순	최현호	6	6
	9	최인화	2013-11-11(월)	AM 12:00	최인화	이순식	노혜현	5	6
							합계	133	121

전도소그룹 5단계 – 교회로 인도하라

목장초청잔치까지 경험한 불신자들은 이미 익어서 떨어진 밤송이
와 같다. 주워 담기만 하면 된다. 이제 5단계부터는 매우 적극적으

로 전도대상자들을 교회로 인도해야 한다. 지금까지의 모든 일이 열매를 맺는 단계이므로 이제는 함께 교회에 나가자고 적극적으로 권면해야 한다. 한편 교회는 새생명 축제, 총력전도주일, 찬양 콘서트 등 불신자들이 관심을 가질 만한 프로그램들을 준비함으로써 목장 초청잔치에 왔던 전도대상자들을 적극적으로 교회로 인도해야 한다. 교회에 등록하여 새가족이 되면 새가족부와 각 교구 교역자들이 상의하여 바나바 사역을 진행하고, 5주간의 바나바의 섬김이 끝나면 교회에 오신 것을 환영하는 마음으로 주일예배에서 환영식을 한다.

1. 행사

① 전교인 총력전도주일

일시 : 12월 2일(주일)

ㄴ 목장초청잔치 후 총력전도주일을 정해서 목장초청잔치에 왔던 전도대상자들을 교회로 인도한다.

② VIP와 함께하는 성탄절 전야 행사

ㄴ 일시 : 12월 24일(월), 저녁 6시

ㄴ 각 목장마다 음식을 한 가지씩 준비해 와서 뷔페식으로 음식을 나눈다.

ㄴ 교회학교에서 준비한 다양한 성탄전야 행사를 갖는다.

ㄴ 성탄전야 행사를 마치고 돌아가는 VIP들에게 케이크를 선물한다.

ㄴ 전야행사 후 주변 상가나 아파트 경비실, 소방서, 파출소 등은 치킨

세트를 돌린다.

③ 목장별 전도주일

ㄴ 일시: 12월 23일(주일)

ㄴ 목장별로 온 힘을 다해서 전도대상자들을 교회로 인도한다.

2. 주의사항

5단계인 인도의 단계는 전도대상자에게 복음을 전하는 단계이다. 이 단계부터는 적극적으로 복음을 전해야 하며 전도대상자들을 교회로 인도해야 한다. 교회에서 목장별 전도 상황을 집계하여 시상함으로써 목원들에게 전도하도록 동기를 부여해야 한다. 한편 그래도 마음이 열리지 않아 교회에 나오기를 거부하는 전도대상자가 있다면 다음번에 다시 1단계부터 시작하면 된다.

3. 보고서 및 양식

① 한국의 폴 포츠 김태희 찬양 간증집회

② 성탄전야 축제 프로그램

1부

오프닝	청년부
색소폰연주	김광호, 노영달 외
찬양율동 *저 별처럼 저 눈처럼	유치부(7세)
찬양율동 *반짝 반짝 성탄별	유치부(5, 6세)
수화찬양 *하늘의 축복/노엘(저들밖에)	아동부
찬양율동 *아기 예수님 맞이해요	유치부(4세)
합 창 *그 이름 임마누엘	유치부
난 타 *영광나라 천사들아	아동부
영어찬양	영어예배부
성악(테너) *노엘/여호와는 나의 목자시니	박인혁
칠 교	아동부
발 레 *주님 다시 오실 때 까지	이민정
댄 스 *웃음있는 나라 헤이헤이	남자2교구
합 창 *메리크리스마스/실버벨	임마누엘찬양단

2부

구분	주제	성경말씀	출연진
블랙라이트	나는 하나님의 것입니다.		청소년부
1막	이세상 최고의 선물 아기 예수님	마태복음 1:18~25	홀리키즈
	성탄이 뭐예요?		이미숙 집사 외
	성령으로 잉태된 아기 예수		이인혜
2막	헤롯왕의 음모	마태복음 2:1~8	청년부 워십팀
3막	별을 따라가는 동방박사	마태복음 2:9~12	홀리키즈
4막	베들레헴의 통곡	마태복음 2:16~18	청년부 워십팀
5막	아기 예수님 축하해요	마태복음 1:23 이사야 9:6	홀리키즈
	목자들의 찬양	누가복음 2:8~20	길정옥 외
finale	하늘에는 영광 땅에는 평화	누가복음 2:14	전체출연진

5장

새신자 정착
(바나바사역)

"그런즉 심는 이나 물 주는 이는 아무 것도 아니로되

오직 자라게 하시는 이는 하나님뿐이니라" 고린도전서 3:7

제자들교회 바나바 사역

(제자들교회의 바나바 사역은 예수마을 교회의 M.D 사역을 참고해서 만들어졌다)

1. 바나바 정신

① 새가족은 하나님이 나에게 보내주신 새 생명이다

　절대 포기하지 마라!

　└ 기도와 사랑으로 섬기면 아무리 강퍅한 마음이라도 언젠가는 무너

　진다.

② 새가족에게 목숨을 걸어라

　└ 전도에는 마귀의 방해가 분명히 있다. 기도로 승리하라. 사랑으로 섬

　기라. 필요한 것이 있다면 다 들어주라.

③ 하나님이 나를 사용하시는 것에 감사하라

　└ 바나바만이 누릴 수 있는 영광이 있음을 기억하라.

④ 혼자 힘으로 안 될 때는 도움을 받으라

    ㄴ 교역자들과 협조하여 도움을 요청하라.

⑤ 반드시 보고서를 작성해서 제출하라

    ㄴ 보고서 없는 바나바 사역은 없다. 보고서는 바나바 사역의 생명이다.

⑥ 간접 바나바가 되라

    ㄴ 새가족을 소개를 받았을 때는 최고의 예의와 최선의 미소로 상대방

    을 맞이하라.

2. 바나바 사역 5주 지침

① 새가족 등록 → 바나바 선정 → 바나바 소개(새신자 연락처 파악 및 첫 만남 약속) → 만남

② 5주 동안 만나 교육을 진행하며 편안한 분위기에서 교재를 함께 읽어 나간다.

③ 예배 시간에 함께 앉아 예배를 드려라(함께 차를 타고 오거나 입구에서 기다렸다가 함께 앉으라.)

    ㄴ 성가대원일지라도 바나바라면 함께 앉도록 하라.

    ㄴ 성경책을 찾아주고 예배 중에 어색하지 않도록 최선을 다해 섬기라.

④ 예배 후에 다른 성도들에게 소개시켜 주라(매주 3명씩)

    ㄴ 예배실에서 1명, 식당에서 식사를 하면서 1명, 식사 후에 차를 마시면서 1명.

    ㄴ 주중에 소개받게 될 성도에게 사전 정보를 제공하라(고향, 취미, 자녀, 직장 등).

⑤ 바나바 사역 5주가 끝나면 새가족 환영식을 한다.

    ㄴ 주일 3부(혹은 2부)예배 시간에 진행한다.

    ㄴ 새가족과 바나바가 손을 잡고 함께 입장한다(이때 전교인은 '당신은 사랑 받기 위해 태어난 사람'을 부르며 축복한다).

    ㄴ 목자가 새가족에게 꽃바구니를 전달한다.

    ㄴ 바나바에게는 교회에서 준비한 십자가 목걸이를 목사님(사역자)가 걸어준다.

    ㄴ 목장에서 준비한 선물들을 목장 식구들이 전달하며 축복한다.

    ㄴ 새가족 환영식을 마친 후 그 주간에 담임목사가 공개 새가족 심방을 진행한다. 이때 교회 달력과 요람 등을 전달한다.

3. 새신자를 어떻게 섬겨야 하나?

① 새신자는 영적 어린아이다

하나님의 손에 이끌려 아담에게 인도된 하와와 같이 하나님의 인도로 교회에 이끌림을 받은 새신자는 아직 변화되지 않은 존재다.

그들은 교회와 구원에 관해 잘 알지 못하며 여전히 세상적인 삶을 살고 있다. 사도 바울은 이러한 사람들을 가리켜 '육신에 속한 자'라고 했다. '육신에 속한 자'는 하나님의 뜻을 깨닫지 못한 사람을 의미하지만 넓은 의미에서는 새신자도 이에 해당된다.

> "형제들아 내가 신령한 자들을 대함과 같이 너희에게 말할 수 없어서 육신에 속한 자 곧 그리스도 안에서 어린 아이들을 대함과 같이 하노라" 고린도전서 3:1.

> "내가 너희를 젖사랑으로 먹이고 밥교훈과 훈계으로 아니하였노니 이는 너희가 감당하지 못하였음이거니와 지금도 못하리라" 고린도전서 3:2.

영적인 아이에게는 철저하게 그들에게 맞는 음식을 먹여야 한다 (갓난아이에게는 밥부터 주어서는 안 된다).

② 선생이 아니라 유모나 아비 같은 사람이 되라

교회에 들어온 새신자를 대할 때 많은 이들이 가르치려고 한다. 이는 어린아이가 젖을 먹지 못하고 밥을 먹는 꼴이 되어 교회에 정착하지 못하게 한다. 고린도교회는 수많은 사람이 스승 노릇을 하여 가르치려고만 했지 사랑으로 돌봐 주는 데는 인색했다.

"그리스도 안에서 일만 스승이 있으되 아버지는 많지 아니하니 그리스도 예수 안에서 내가 복음으로써 너희를 낳았음이라" 고린도전서 4:15.

사도 바울은 고린도교회에 가르치려고 하는 스승들만 있고 사랑으로 돌보는 아비가 없음을 한탄했다. 바울이 우리들의 모습을 보았다면 어땠을까? 만약 어린아이가 이불 위에 토를 했다고 가정하자. 이때 엄격한 스승이라면 '집안을 어지럽히면 안 된다. 토하고 싶으면 화장실에 가야지' 하고 가르치려 할 것이다. 하지만 엄마라면 결코 그렇지 않을 것이다. 어린아이가 어지럽힌 것을 사랑스러운 마음으로 치워 주고, 젖먹이가 안쓰러워 안아 줄 것이다. 왜 그럴까? 바로 그 아이의 엄마이며 아빠이기 때문이다. 부모가 한 아기를 위해 자신의 모든 것을 희생하듯, 그들이 성장하여 그리스도의 몸 된 교회 공동체 안으로 들어올 수 있도록 자신의 시간과 물질과 정성을 쏟아 붓는 거룩한 희생을 하는 것이 영적어미이며 아비인 바나바의 사역인 것이다.

③ 새신자는 끝까지 돌보아야 한다

새신자와 바나바의 사이가 사랑으로 가까워지지 않고 자꾸 거리감이 생긴다면 이때 바나바는 먼저 하나님과의 관계를 살펴보며 자신을 돌아보아야 한다. 아담과 하와가 선악과를 따먹음으로써 하나님과의 관계가 끊어지게 되자 자기 자신을 감추기 시작했고 급기야 하와 때문에 이렇게 되었다고 원망하는 자리에까지 내려갔다. 즉 한 몸이었던 둘이 남남으로 분리된 것이다.

> "아담이 이르되 하나님이 주셔서 나와 함께 있게 하신 여자 그가 그 나무 열매를 내게 주므로 내가 먹었나이다" 창세기 3:12.

이것은 이웃을 내 몸 같이 사랑하지 못하고 미워하는 모습이다.

하나님을 사랑하는 사람은 한 영혼을 끝까지 돌보고 책임지는 사람이다. 새신자는 하와와 마찬가지로 모든 유혹에 노출되어 있다. 그 모습을 감싸주지 못하고 쉽게 포기한다면 우리 또한 아담과 같은 잘못을 범하게 되는 것이다. 반면 아담과 달리 끝까지 진정한 사랑의 모범을 보여주신 분이 계신데 그분이 바로 예수님이시다. 예수님은 당신의 때가 이르러 아버지께로 돌아가야 하심에도 세상에 남겨진 자기 사람들을 끝까지 사랑하셨다. "유월절 전에 예수께서 자기가 세상을 떠나 아버지께로 돌아가실 때가 이른 줄 아시고 세상에 있는 자기 사람들을 사랑하시되 끝까지 사랑하시니라"요 13:1. 한 영혼을 사랑하되 끝까지 사랑하는 사람이 바로 하나님과 사랑의 관계를 유지하는 사람이며 예수님의 모습을 닮아가는 사람이다. 주님은 이런 마음으로 하나님 나라를 세울 사람들을 지금도 찾으신다. 그리고 하나님은 오늘도 이렇게 말씀하신다. "내가 네게 붙여 준 새신자에게 나의 사랑과 은혜를 전해 주는 복의 통로가 되어 주겠니?" 이러한 하나님의 물음 앞에 여러분은 어떻게 대답하겠는가?

새신자 정착의 실제

1. 그리스도의 사랑의 중보자 바나바

새신자가 교회에 오면 새신자부를 통해서 비슷한 나이로 친구처럼 지낼 수 있는 바나바를 소개시켜 주고 집중적인 사랑으로 돌보아 주어야 한다. 왜냐하면 교회에 처음 온 새신자에게 여러 사람의 관심이나 교역자의 집중적인 돌봄이 부담이 될 수 있기 때문이다. 그러므로 바나바의 자연스러운 관심과 안내를 통해 새신자가 교회와 목장 안에 정착할 수 있게 해야 한다.

① 훈련된 바나바가 필요하다

새신자를 사랑으로 정착하게 하는 일은 누구나 할 수 있다. 그러나 새신자를 위해 일하고자 하는 바나바 사역에는 철저한 훈련이 필요하다. 바울은 영혼을 돌보는 일은 충성된 사람에게 부탁하라고 했다.

> "또 네가 많은 증인 앞에서 내게 들은 바를 충성된 사람들에게 부탁하라 그들이 또 다른 사람들을 가르칠 수 있으리라" 디모데후서 2:2.

그렇다면 어떤 사람이 바나바가 될 수 있는가?
- 바나바가 되고자 하는 사람은 먼저 구원의 확신이 있어야 한다.

- 그리스도 안에서 목장 식구들과 사랑의 관계가 있는 사람이어 야 한다.
- 교회에 대해서 충분히 알며 성도로서 분명한 가치관을 가지고 삶속에서 모범이 되어야 한다.
- 새신자 정착 사역의 필요성을 절실히 느끼고 이 사역을 위해 적극적으로 헌신하며 희생할 결단이 있는 사람이어야 한다천 하보다 귀한 영혼을 돌보는 일을 무엇보다 우선하겠다는 결단 이 필요하다.

"우리가 이같이 너희를 사모하여 하나님의 복음뿐 아니라 우리의 목숨까지도 너희에게 주기를 기뻐함은 너희가 우리의 사랑하는 자 됨이라" 데살로니가전서 2:8.

② 주님이 보내주신 새신자를 이렇게 맞이하라
바나바 사역은 새신자가 등록하는 날 새신자와 비슷한 형편의 바 나바를 짝 지워 주는 일로부터 시작된다.

- 새신자가 등록하면 예배 시간에 전 교인이 환영한다.
- 예배가 마치면 새신자부에 의해 새신자 환영실로 안내된다.
- 바나바는 기대하는 마음으로 새신자 환영실에서 대기한다.
- 새신자부에 의해서 새신자와 바나바가 짝 지어지면 정중하게 자기소개를 하고 만남을 가진다. 첫 만남에서 가장 중요한 것

은 첫인상이다.

- 첫 만남에서는 새신자에게 이 사역의 필요성을 잘 설명하여 새신자가 바나바와의 만남을 부담스러워 하지 않도록 하는 데 중점을 둔다. 그리고 앞으로 5주간 어떻게 만날 것인지에 대해 이야기를 나눈다. 첫날 새신자와의 관계가 잘 형성되면 새신자와 교재 1과를 읽어도 좋다.

③ 5주간 동안 기도가 우선되어야 한다

새가족 한 사람을 위한 바나바 사역 기간은 5주간 이루어진다. 이 기간 동안 새신자가 교회에 친밀감과 소속감을 갖고 정착할 수 있도록 최선을 다해 사랑으로 돌봐야 한다.

- 기도하면서 주님의 도우심으로 감당하라(35일간 작정 기도).
  이 사역은 하나님의 도우심 없이는 힘들기 때문에 무엇보다 기도에 힘쓰며 성령보다 앞서지 않도록 주의해야 한다.

"그런즉 심는 이나 물 주는 이는 아무 것도 아니로되 오직 자라게 하시는 이는 하나님뿐이니라 " 고린도전서 3:7.

새신자가 교회에 정착할 때 여러 가지 방해가 있을 수 있다고후 4:4. 그러므로 새신자와 바나바 자신을 위해 날마다 간절하게 부르짖는 기도가 반드시 있어야 한다.

- 반드시 매주 보고서를 작성하여 교회에 제출해야 한다.

④ 일주일에 한 번씩 만나서 사랑으로 돌보고 인내하며 교제하라

- 일주일에 한 번 만나되 바나바가 새신자를 찾아가는 것을 원칙으로 한다. 만약 새신자가 부담스러워 하면 다른 방법을 찾아라.
- 금요일이나 토요일 적당한 시간에 안부 전화를 하고 주일예배 참여를 권면한다.
- 주일예배 때는 일찍 가서 기다렸다가 반갑게 맞이하고 예배를 돕는다.

⑤ 주일예배 후 교회의 중요한 사람 2~3명을 꼭 소개시켜라

미국의 교회성장연구소 소장 원안Win Arn 박사는 새신자를 효과적으로 정착시키기 위해서는 교회 내에 6~7명의 친구를 갖게 하라고 했다. 그러므로 매 주일마다 성도들을 2~3명씩 소개시켜 주는 것은 새신자가 교회에 친근감과 소속감을 가지고 빠른 시간 내에 정착하게 하는 데 큰 도움이 된다.

- 처음에는 교회의 중요한 분들(새신자가 교회생활을 하는 데 필요한 분들, 예를 들면 목사님과 사모님, 장로님, 사역자 등을 소개하고, 4, 5주째부터는 새신자와 같은 또래의 성도들과 새신자가 들어갈 목장의 성도들을 소개하여 소속감과 친밀감을

갖게 하라.

- 소개할 때는 정중하고 인상에 남도록 해야 하며 좋은 관계가 형성되도록 해야 한다.
- 교회 건물과 주변에 대해서도 소개하라.

  ┗ 바나바는 새신자를 목장에 안정적으로 정착시킨다는 분명한 목표를 갖고 있어야 한다.

  ┗ 새신자와 친해져야 하며 새신자가 들어가게 될 목원들을 적극적으로 소개시켜 새신자와 목장식구들의 관계가 깊어질 수 있도록 힘써야 한다.

⑥ 교재 활용

- 교재는 새신자와의 다리 역할을 하는 것이지 교육을 위한 것이 아님을 명심하라.
- 그러나 교재는 새신자가 교회생활을 하는데 꼭 필요한 안내서이다.

  ┗ 교재를 충분히 숙지하라.

  ┗ 서두르지 말고 한 번에 한 과씩 진행하되 설명하려고 하지 말고 함께 읽어가라.

  ┗ 새신자용 교재를 항상 한 부 더 준비해 가지고 다녀라.

  ┗ 모든 시작과 마지막은 기도로 하되 시작은 짧게, 마지막은 새신자의 가족과 영적 삶을 위해 간절히 기도하라.

⑦ 새신자 환영식

바나바 사역 5주가 끝나면 새가족 환영식을 한다. 주일 3부, 혹은 2부 예배 시간에 진행한다. 앞에서 설명한 바나바 사역 세부 지침을 참고하면 도움이 된다.

⑧ 기타 참고사항

- 새신자와 바나바 사이에 문제가 발생하면 바로 교회에 알려야 한다.
- 부득이한 경우 사역이 길어질 수도 있다.
- 새신자가 바나바에 대해 부담을 갖고 있다면 굳이 바나바 사역을 고집하지 말고 도울 수 있는 다른 방법을 찾아야 한다.
- 부득이한 경우를 제외하고는 반드시 바나바가 끝까지 사랑으로 책임지려는 자세를 가져야 한다.
- 교회나 교우들에 관해 부정적인 이야기를 하면 안 된다.
- 지속적인 기도가 필요하다.

6장
성공적인
소그룹 레시피

"그가 어떤 사람은 사도로, 어떤 사람은 선지자로,

어떤 사람은 복음 전하는 자로, 어떤 사람은 목사와 교사로 삼으셨으니

이는 성도를 온전하게 하여 봉사의 일을 하게 하며

그리스도의 몸을 세우려 하심이라" 에베소서 4:11-12

전도소그룹이란?

전도소그룹이란 소그룹목장에서 소그룹원들과 함께하는 관계전
도를 말한다. 농사를 짓듯 소그룹이 함께 전도대상자를 섬겨주고 좋
은 관계를 맺어 열매를 거두게 되는 전도 방법이다.

1. 전도는 과정이다

전도는 농사를 짓는 것과 같다. 즉각적으로 이루어지는 사건이 아
니라 일련의 과정인 것이다. 농사를 잘 지으려면 최소한 두 가지 요
건이 있어야 하는데 그것은 바로 씨와 밭이다. 이 두 가지가 좋아야
많은 열매를 거둘 수 있다. 전도를 '농사'라 한다면 씨는 '말씀'이라
고 할 수 있고, 밭은 '불신자의 마음'이다.

우리가 가진 씨앗, 즉 말씀은 무엇과도 비길 수 없을 만큼 좋고
완전하다. 하지만 이에 반해 밭은 그렇지 못하다. 불신자의 마음 밭
은 대부분이 딱딱한 길가나 돌밭이거나 가시덤불 밭이다. 전도가
어렵고 열매 맺기가 힘든 것은 이런 밭에다 무조건 씨를 뿌리기 때

문이다.

전도라는 농사를 성공하기 위해서는 씨를 뿌리기 전에 먼저 밭을 일구고 가꾸어서 옥토로 만드는 일을 해야 한다. 씨앗을 뿌리는 것은 그 다음에 할 일이다. 불신자의 마음 밭을 옥토로 만들기 위해서는 사랑으로 섬기고 돕는 일들을 선행해야 한다. 믿는 그리스도인들이 자기들끼리만 친하게 지낼 것이 아니라 불신자들과도 친밀한 관계를 세워가야 한다. 그러려면 형식적으로 한두 번 찾아가는 것에 그치지 말고 꾸준한 노력으로 좋은 관계를 유지해야 한다. 다시 말해서 교회에 데리고 나갈 목적으로 한두 번 찾아가는 정도가 아니라 조건 없이 사랑하고 돕고 섬기는 일을 지속적으로 해야 한다. 이렇게 하고 나서 씨를 뿌리면 그 전도는 반드시 성공한다. 심은 대로 거두는 농사처럼 전도도 정직하기 때문이다.

2. 소그룹에서 함께하는 관계전도

전도는 낯선 사람에게 찾아가 한두 번 복음을 전한다고 해서 성공할 수 있는 것이 아니다. 교회성장연구소NCD Natueal Church Development는 전도에 대해 다음과 같은 결론을 내렸다.

첫째, 이미 관계를 맺고 있는 사람들에게

둘째, 평균 7번 정도의 계속된 만남을 통해 좋은 관계를 가진 후

셋째, 말과 전도지만 가지고 하는 것이 아니라, 섬김과 사랑을 먼저 실천한 후 초청과 간증으로 마음을 열고

넷째, 혼자서만 전도하는 것이 아니라 여럿이 함께 만나서 섬기고, 초청을 통해 교회 오기 전에 이미 여러 명의 교회 친구를 갖게함으로써 자연스럽게 교회에 나와 등록하게 하는 것이다. 그래서 전도는 농사를 짓듯이 전도대상자를 소그룹에서 함께 섬기고 좋은 관계를 맺은 후 관계를 지속해 가는 과정이다. 그러면 반드시 열매를 거두게 된다.

전도소그룹의 핵심 포인트

1. 성패는 소그룹 리더에게 달려있다

전도소그룹은 소그룹이 함께 전도대상자와 관계를 맺고 먼저 소그룹으로 초청하여 하나님의 사랑과 은혜를 경험하게 한 후 교회로 인도하는 전도 운동이다. 따라서 소그룹 리더가 적극적이고 헌신적인 자세로 역동적으로 이끌어 갈 때 성공할 수 있다. 전도소그룹이 성공하느냐 실패하느냐는 전적으로 선봉에서 뛰는 소그룹 리더에게 달려있다. 소그룹 리더들이 담임목사의 리더십에 순종하여 적극적이고 헌신적으로 전도소그룹을 이끌면 반드시 많은 열매가 있다.

2. 전 교회적인 집중과 도움이 있어야 한다

전도소그룹이 성공하기 위해서는 전 교회적인 도움과 집중이 있어야 한다. 담임목사를 중심으로 전 교회가 이 일에 집중하여 전심

전력해야 한다. 그저 교회에서 하는 프로그램 중 하나로 생각하거나 교회 안의 여러 기관이나 소그룹 중 일부가 하는 행사로 전도소그룹을 실행하면 큰 성과를 기대하기 어렵다. 그러나 담임목사와 온 교회가 하나 되어 기도하며 집중하고 도우면 전도소그룹은 분명 기대 이상의 열매를 맺을 것이다.

3. 1단계~5단계의 과정이 중요하다

전도소그룹은 목장초청잔치가 핵심이라고 할 수 있다. 우리의 목표는 불신자들을 교회까지 인도하는 것이다. 이를 위해서는 1단계부터 5단계까지의 전 과정이 빠짐없이 잘 이루어져야 한다. 이것은 집을 지을 때 기초가 중요한 것과 같은 이치다.

1단계부터 5단계까지 충실하게 점검하면서 실행할 때 목장초청잔치가 풍성해지고 전도도 잘 된다. 그러나 간혹 성급하고 성실하지 못한 목자나 목원들이 1단계부터 5단계까지의 각 단계를 무시하고 전도소그룹을 진행하면 원하는 열매를 얻지 못하고 끝난다. 전도대상자에 대한 충분한 기도와 사랑의 섬김과 관계 세우기가 제대로 안 되었기 때문에 전도할 수가 없는 것이다.

다시 말해, 1단계부터 5단계까지의 전 과정을 충실하게 점검하면서 실행할 때 목장초청잔치도 잘 될 수 있고 나아가 교회까지 나오도록 인도할 수 있다.

전도소그룹 준비단계

1. 전도소그룹의 열매에 대한 분명한 비전을 가져라

전도소그룹을 실시하기 전에 가장 중요한 것은 담임목사가 전도소그룹을 통해 전도의 열매를 맺을 수 있다는 확신을 갖는 것이다. 더불어 모든 목원들이 전도의 열매에 대한 꿈과 비전을 갖는 것이다.

2. 소그룹 리더와 비전을 공유하고 그들을 훈련하라

소그룹 리더에게 전도소그룹에 대한 취지를 충분히 알리고, 목회자와 목회 비전을 공유할 수 있도록 해야 한다. 전도소그룹에 참여하는 소그룹 리더들은 담임목사와 동일한 비전과 열정으로 동역해야 한다.

3. 모든 성도에게 동일한 비전을 심어주라

때로는 성도들이 전도에 대한 부담감 때문에 전도소그룹에 대해 부정적인 생각을 가질 수 있다. 그럴 때면 담임목사가 더욱 더 확고한 비전을 심어주고 이해시키고 설득해야 한다. 즉 성도들에게 하나님이 기뻐하시는 영혼의 열매를 맺을 수 있다는 기대감과 자신감, 그리고 교회가 성장하고 부흥될 것이라는 꿈을 심어 주고 함 그꿈을 꾸어야 한다.

4. 지속적인 동기부여가 필요하다

전도는 영적인 일이기 때문에 기도로 시작해야 한다. 그러기 위해서는 교회 안에 영적인 분위기를 조성하는 것이 중요하다. 또한 담임목사는 설교나 광고를 통해 성도들을 독려하고 지속적으로 동기를 부여해야 한다.

5. 교회의 모든 행사를 전도소그룹에 맞추라

교회의 모든 프로그램과 행사를 전도소그룹의 단계별 실행 내용에 맞추는 것이 중요하다. 그렇게 해야 교회의 모든 행사가 일관성과 연속성을 갖게 되고, 교회 전체가 한 방향으로 나아갈 수 있게 된다.

6. 전도소그룹은 점검으로 시작된다

전도소그룹을 현장에서 진행하는 일은 목회자가 아닌 소그룹 리더들의 몫이다. 그러므로 이들이 각 단계에서 역할을 잘 수행할 수 있도록 격려하고 동기를 부여하는 것이 매우 중요하다. 그리고 전도소그룹 각 단계마다 진행사항을 철저히 점검하는 것 또한 소홀히 해서는 안 된다.

이러한 점검을 통해 교회에서 더 지원해야 할 것이 무엇인지, 소그룹에서 힘든 점이 무엇인지 빨리 진단하고 파악하여 신속하게 대처하고 수정할 수 있다.

전도소그룹을 시작하게 된 계기

　제자들교회는 시작부터 전도를 특별한 가치와 사명으로 삼았다. 전도에 관한 세미나와 훈련이 있으면 열심히 배웠고 또 교회에 적용했다. 그러는 동안 교회도 꾸준히 성장했다. 그런데 매년 전도 프로그램을 진행하면서 두 가지 아쉬운 점을 발견하게 되었다. 하나는 늘 하는 사람만 전도를 한다는 것이고, 둘째는 전도를 해서 교회 안에 새신자가 들어와도 정착에 상당한 어려움을 겪는다는 것이다.

　전도는 우리 모두에게 주신 주님의 절대 사명이므로 목회자 입장에서는 모든 교인이 1년에 1명이라도 전도했으면 하는 바람이 절했다. 그러나 현실은 그렇지 않았다.

　언제나 전도에 참여하는 성도는 10~20퍼센트에 그치고 나머지는 구경꾼이 되었다. 또 힘들게 전도해서 교회에 등록시켜도 얼마가지 않아 흐지부지 떨어져 나가는 사람이 너무나 많았다. 이러한 문제에 대한 고심 끝에 2001년에 처음으로 전도소그룹을 하게 되었는데 이후 전도소그룹을 통한 전도에 확신을 갖게 되었다. 전도소그룹은 소그룹에서 함께하는 관계전도이기 때문에 전교인이 전도에 참여하게 된다는 것과 새가족 대부분이 교회 안에 성공적으로 정착하게 된다는 장점이 있었다. 두 마리 토끼를 다 잡을 수 있다는 것이다.

　우리 제자들교회는 전도소그룹을 교회 형편에 맞게 잘 접목시켜 지금까지 실행해 오고 있으며 이로 인해 많은 열매를 거두고 있다.

전도소그룹으로 전환하는 과정

제자들교회는 이미 소그룹 중심의 교회였기에 큰 어려움 없이 기존 소그룹을 전도소그룹으로 전환할 수 있었다. 이렇게 전환하는 과정에서 다음과 같은 4가지를 점검하고 부족한 부분들은 보완했다.

첫째, 설교와 광고를 통해 계속적으로 소그룹 전도에 대해 교육함으로써 전 교인들을 이해시켰고, 교회 모든 기관의 행사를 전도소그룹 일정에 맞추도록 요청했다. 둘째, 전도소그룹 실행에 있어서 가장 중요한 사람들이 소그룹 리더(제자들교회에서는 목자)이므로 이들을 대상으로 매 주일 오후마다 3개월간 전도소그룹에 대해 단계별로 자세히 교육했다. 셋째, 부목사, 전도사 등 교역자들과 함께 전도소그룹의 1년 일정을 구체적으로 작성한 다음 전 교회적으로 선포하고 실행에 옮겼다. 넷째, 봄과 가을 연 2회 전도소그룹을 실행한 다음 각 교구별로 모든 교역자들과 목자들이 함께 평가와 점검 시간을 가짐으로써 부족한 점들을 보완해 나갔다.

시행착오와 극복방안

전도소그룹을 하면서 겪게 되는 시행착오들과 극복 방안은 다음과 같다.

1. 의욕과 행사 과잉이 문제이다

국내에서 처음 시작하는 전도소그룹인지라 꼭 성공시키고자 하는 욕심이 있었다. 그런데 이 때문에 각 단계별로 너무 많은 프로그램을 실행하여 교인들이 많이 힘들어 했다.

사실 섬기고 관계를 맺어서 전도대상자의 마음을 좋은 밭으로 만드는 것은 운동 경기로 말하면 예선전이라 할 수 있고, 옥토가 된 그들에게 복음의 씨앗을 뿌려 교회로 인도하는 것이 본선이라 할 수 있다. 그런데 예선전에서 너무 많은 일을 하다 보니 본선에서는 지쳐버리게 된 것이다. 그 결과 소그룹 리더들이 지쳐서 정작 교회로 인도할 때는 열매가 적었다. 그래서 봄, 가을로 1년에 두 번씩 했던 섬김의 바자회와 체육대회를 봄에는 바자회, 가을에는 체육대회로 1번씩만 진행하고 다른 프로그램도 줄였더니 본선에서 힘을 낼 수 있게 되었고 교회로 인도되는 열매도 많아졌다.

2. 소그룹 리더(목자)들의 매너리즘이 문제이다

전도소그룹의 핵심은 소그룹 리더들인데 1년에 봄, 가을 두 번씩 3~4년을 계속 실행했더니 소그룹 리더들이 매너리즘에 빠지는 현상이 나타났다. 전도소그룹이 의례적인 행사가 되어 버린 것이다. 이를 극복하기 위해 전도소그룹이 시작되기 1~2주 전에 전 교역자들과 함께 목자 위로회를 가졌다. 장소는 바닷가나 경치 좋은 곳이나 기도원 등 그때마다 상황에 맞게 정했다. 목자 위로회를 통해 훌륭한 식사와 레크레이션, 장기자랑도 하고 기도회와 성찬식을 진행한

후 교역자들과 목자들이 서로 격려하고 위로하며 결단하는 시간을 가졌다. 이렇게 하자 이를 계기로 소그룹 리더(목자)들이 다시 힘을 얻고 최선을 다해 전도소그룹에 임하게 되었다.

3. 4단계(초청하기)에만 치중해
1~3단계를 건너뛰는 것이 문제이다

전도소그룹은 1단계 기도, 2단계 섬김, 3단계 함께 관계 세우기가 잘 되어야 4단계 소그룹 초청과 5단계 교회로 인도하기가 풍성하게 이루어진다. 그러나 1, 2, 3단계는 드러나지 않으니까 대충 진행하고 보고가 이루어지는 4단계 소그룹 초청 때에만 열심을 내 전도대상자를 거의 억지로 데려다가 앉혀 놓으니 5단계 교회로 인도하기까지 잘 연결되지 않았다. 이렇게 되면 결국 교인들 스스로도 기운이 빠지고 힘들어진다.

이를 극복하기 위한 것이 단계별 '점검'이다. 먼저 담임목사가 교구장들인 부목사와 전도사들이 1, 2, 3단계를 잘 하고 있는지를 철저히 점검했다. 그리고 교구장들은 소그룹 리더(목자)들을, 소그룹 리더는 소그룹원들을 소그룹 예배 때마다 각 단계별로 점검했더니 4단계 목장초청잔치가 풍성하게 이루어졌다.

1, 2, 3단계에서 마음이 열린 전도대상자들이 목장초청잔치에 와서 은혜와 감동을 받고 눈물을 흘리며 고마워했으며, 교회로 인도하는 단계에서도 많은 전도의 열매가 있게 되었다.

전도소그룹을 통해 얻은 열매

1. 등록 인원이 많다

최근 몇 년 동안 새로 등록한 새신자의 숫자가 1년에 800여 명인데, 이는 매 주일 평균 15~20명이 등록을 한다는 것이다. 또 등록한 새신자의 90퍼센트이상이 교회에 처음 나온 사람이거나 오랫동안 쉬고 있던 사람들이었다. 불신자 전도가 이렇듯 많이 이루어지는 것이야말로 전도소그룹의 가장 귀한 열매라고 할 수 있다.

2. 정착률이 높다

전도소그룹을 실행하기 전에는 정착률이 10~20퍼센트에 불과했다. 그런데 전도소그룹을 실행하고 1년 후 정착률을 조사해보니 중고등부 50퍼센트, 청년 72퍼센트, 장년 81퍼센트였다. 이처럼 정착률이 높아진 것은 교회에 나오기 전부터 소그룹 식구들과의 교제를 통해 관계가 충분히 이루어졌고, 초청행사 등을 통해 교회와 예배를 간접적으로나마 체험하고 난 후 교회에 등록했기 때문이라고 볼 수 있다.

3. 건강한 교회가 되었다

소그룹과 교회의 모든 행사와 일정들이 전도대상자와 처음 신앙생활을 시작하는 새신자에게 맞추어져 있기 때문에 전 교인이 섬김과 베푸는 삶이 습관이 될 만큼 훈련이 되었다. 또한 새로 오는 교인들도 자연스럽게 그 문화에 젖어들어 신앙생활은 원래 그렇게 하는 것으로 알고 사랑하고 섬기게 된다. 이렇게 분위기가 바뀌자 교회가 건강해졌고 성숙해졌다.

실제로 2000년 11월에 NCD선교기관에서 교회건강진단을 위한 설문조사를 했을 때는 8가지의 질적 특성이 평균 79점이었는데 2002년과 2003년, 2년 동안 전도소그룹을 실행하고 2003년 11월에 다시 교회건강진단 설문조사를 했더니 평균 98점으로 점수가 수직 상승했다. 이것은 전도소그룹이 건강한 교회를 만든다는 사실에 대한 반증이다. 그리고 이것이야말로 전도소그룹의 가장 귀한 열매라고 할 수 있다.

NCD 교회 건강지수 설문조사 결과

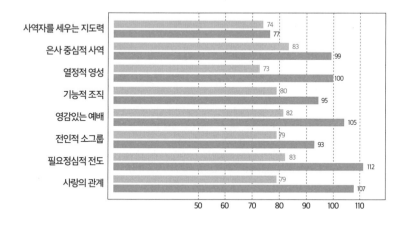

세계적으로 공인된 NCD Natural Church Development 선교기관에서

교회 건강을 측정하는 설문조사를 실시한 결과 제자들교회가 매우 건강한 교회로 나타났다(참고로 평균 65점 이상이면 성장 가능성이 있는 건강한 교회인데, 제자들교회는 1차 조사에서 79점, 2차 조사에서는 98점이었다. 이는 한국뿐 아니라 세계적으로도 손꼽히는 점수이다).

한국교회 모델이 될 만한 바람직한 30개 교회

한국 개신교의 위기는 많이 회자되고 보도됐다. 〈뉴스앤조이〉와 바른교회아카데미(원장 김동호 목사)는 "문제 해결과 대안을 찾을 때"라는 문제의식을 느끼고 인사이트리서치(박수일 소장)에 의뢰해 한국교회 역할 모델을 찾는 설문 조사를 했다. 결과에 대한 평가는 노치준 목사(광주양림교회)와 최형근 교수(서울신대 선교학)가 맡았다. 연구 결과는 9월 29일 오후 2시 서울 명동 청어람아카데미에서 발표했다. 조사는 개신교 7개 교단(기감 · 기성 · 기장 · 예장고신 · 예장통합 · 예장합동) 283명을 대상으로 2011년 5월 9일에서 7월 29일까지 시행됐다.

그 결과 한국교회 모델이 될 만한 바람직한 교회로 다음 30개 교회가 뽑혔다

거룩한빛광성교회(정성진 목사) 안산동산교회(김인중 목사) 경동교회(박종화 목사) 여의도순복음교회(이영훈 목사) 광염교회(조현삼 목사) 연세중앙교회(윤석전 목사) 꿈의교회(김학중 목사) 열린교회(김남준 목사) 높은뜻연합선교회(김동호 목사) 온누리교회(하용조 목사) 만나교회(김병삼 목사) 전주안디옥교회(박진구 목사) 명성교회(김삼환 목사) 제자들감리교회(김동현 목사) 바울교회(원팔연 목사) 지구촌교회(진재혁 목사) 백주년기념교회(이재철 목사) 참된교회(박창하 목사)

제자들교회 전도소그룹의 특징

1. 교회의 모든 소그룹이 전도소그룹이다

소그룹 리더(목자)는 남녀를 막론하고 반드시 제자훈련을 받고 전도소그룹을 경험한 사람들이기 때문에 목자로 세워지면 아무런 문제없이 전도소그룹을 진행할 수 있게 된다. 중 · 고등부와 청년들도 장년목장과 동일하지는 않지만 부서의 특성에 맞게 전도소그룹으로 전도를 하고 있다.

2. 전도의 전 과정을 소그룹이 함께 한다

기도, 섬김, 관계, 초청 및 인도까지 소그룹을 통해 함께하기 때문에 새신자가 등록할 때 인도자란에 인도자의 이름이 2명 이상 기록

되는 공동 전도가 많다.

3. 전 교인이 전도 왕이 된다

제자들교회에는 한 명이 수십 명을 전도하는 전도 왕은 없다. 그러나 소그룹 예배에 주일 출석 인원의 75퍼센트 정도가 참여하여 예배를 드리고, 그중 70퍼센트가 1년에 1명 이상 전도하고 있다. 그러므로 우리 교회는 전교인이 전도에 대한 열망을 가지고 있는, 전 교인이 전도 왕인 교회라고 할 수 있다.

전도소그룹을 적용할 때 유의할 점

• 현재 교회 안에 있는 소그룹속회, 구역, 목장 등을 그대로 전도 소그룹으로 활용하는 것이 좋다.

• 전도소그룹을 할 수 있을 정도로 기존의 소그룹을 강화시켜야 한다. 먼저 소그룹 구성원을 비슷한 연령층의 또래 집단으로 묶어야 효과적이다. 지역은 어느 정도 무시해도 괜찮지만 소그룹 예배에 참석하는 인원이 비슷한 연령대로 5명 이상은 되어야 전도소그룹을 실행할 수 있다.

• 전도소그룹의 성패는 소그룹 리더에게 달려있다. 목회자와 소

그룹 리더간의 친밀한 관계는 물론이고 소그룹 리더들의 영성이 무엇보다 중요하며, 전도소그룹 진행에 관해 리더들을 계속적으로 점검해야 한다.

• 교인들 중에는 변화를 극히 싫어하는 사람들이 있다. 연령이 높거나 변화를 반대하는 사람들을 억지로 참여시키면 방해자가 된다. 그래서 기존 교회는 전도소그룹을 할 수 있는 소그룹과 하지 않는 소그룹으로 나누어 실행하는 것이 좋으며, 그럴 경우에는 소그룹 리더 교육을 반드시 따로 실시해야 한다.

• 목회의 전 일정을 전도소그룹 일정에 맞추어 진행해야 한다. 모든 교역자를 비롯해 전 교회적인 집중과 도움이 있을 때 비로소 전도소그룹이 성공할 수 있으며 많은 전도의 열매를 거둘 수 있다.

소그룹 운동이 나아갈 방향

• 소그룹은 작은 교회이다. 초대교회의 가정교회처럼 소그룹을 하나님의 작은 교회로 인정하고 소그룹 안에서 예배와 선교, 교제와 봉사, 양육과 영혼구원 등 교회의 모든 사역들이 활발하게 이루어지도록 해야 한다.

이를 위해 소그룹 리더들이 목회자가 목회를 잘 하도록 돕는 것이 아니라, 목회자가 작은 교회인 소그룹에서 소그룹 리더들이 목회를 잘 하도록 돕는다는 생각을 가져야 한다.

• 교회의 건강과 부흥은 소그룹 리더들에게 달렸다고 해도 지나친 말이 아니다 엡 4:11-12. 성경은 하나님께서 교회 안에 여러 목회자를 주신 것은 성도를 훈련시켜서 온전하게 하고, 그 성도 평신도들이 봉사목양의 일을 하게 하며, 그것이 그리스도의 몸인 교회를 세우게 하기 위한 것이라고 말씀하고 있다. 그러므로 목회자들은 성도들을 열심히 말씀으로 훈련시켜 소그룹 리더들로 세워야한다. 이처럼 훈련으로 온전하게 된 소그룹 리더들이 목양의 일을 감당할 때 교회가 건강하게 부흥될 수 있다.

• 사도 바울의 말씀처럼 소그룹 리더는 가르치는 스승이 되기보다는 영적인 부모가 되어야 한다.

"그리스도 안에서 일만 스승이 있으되 아버지는 많지 아니하니 그리스도 예수 안에서 내가 복음으로써 너희를 낳았음이라" 고린도전서 4:15.

소그룹 리더는 목회자와 똑같이 양들의 영적인 모든 것을 책임지는 사람이다. 그러므로 소그룹 리더들을 영적인 부모로 훈련해야 하며 그들에게 권위를 부여해야 한다. 그렇게 할 때 소그룹 리더들이 부모의 사랑으로 소그룹원들을 돌볼 수 있고, 그리스도의 몸인 교회가 건강하게 세워질 수 있다.

• 소그룹 리더들을 훈련할 때는 반드시 담임목사의 손을 거쳐야 한다. 부목사와 전도사들이 함께 제자훈련을 해도 마지막 과정은 반드시 담임목사에게 훈련되어야 모든 소그룹 리더들이 담임목사와 같은 비전과 목회 철학을 가지고 한 방향으로 나아갈 수 있다.

• 예전에 한 장로님이 더운 여름철에는 소그룹 예배를 방학하자고 해서 '그러면 주일예배도 방학합시다.'라고 한 적이 있다. 많은 사람들이 소그룹은 있으나 없으나 상관없는 기관처럼 여긴다. 이것은 정말 잘못된 생각이다. 소그룹은 새의 두 날개 중 하나와 같다. 반드시 소그룹이 있어야 교회가 건강하게 세워질 수 있다. 또한 소그룹 수를 많이 늘리려 하기보다는 제대로 훈련된 충성스러운 소그룹 리더를 세워 건강한 소그룹을 세워나가는 것이 중요하다. 또한 소그룹들이 작은 교회의 역할을 잘 할 수 있도록 목회자와 교회가 적극 도와야 한다.

교회 연중행사와 연계한 전도소그룹

월	일	절기 및 교회행사	전도소그룹 진행사항	점검사항
1	6	당회/구역회	진급예배(1월 29일)	
	13	임명예배 (제직, 교사, 성가대)		- 교사, 성가대원 다이어리 준비 - 권사, 집사 임명장 준비
	20			- 청소년부 겨울 수련회 (20일~23일) 소록도
	27			
2	3			
	10	제자훈련 졸업예배 -2월 13일(수)		
	17		VIP기도카드 제작 및 준비	
	24	제자훈련 오리엔테이션	목자수련회(2월 28일~3월 1일)	- 전도물품 및 특새 선물 제작
3	3	제자훈련 개강		- 목원들이 전도대상자를 정하게 한다. - 기도 짝과 함께 언제, 어디서, 어떻게 기도할 것인가를 상호 약속한다. - 특별새벽기도 기도제목 나누기
	10	제자훈련개강 부흥회(4일~7일)	- VIP카드작성(목장에서) - VIP카드 작성 및 목원들끼리 기도 짝 정하기	
	17	전교인 특별새벽부흥성회 (18일~30일)	전도소그룹 1단계 : 기도하라 - VIP카드 점검 및 불신자 집중기도 - 수요, 철야예배 때 기도카드 놓고 기도 - 모든 제자훈련 때마다 점검 및 기도	- 목자는 기도 짝과 매일 어떻게 기도할지 구체적으로 약속하고 상호 점검 한다. - 목장예배 때마다 전도대상자를 위해 매일 기도했는가? 기도할 때 하나님이 어떤 마음을 주셨는지를 나누고 기도 한다. - 부활란 준비
	24			
	31		-부활란으로 전도대상자와 관계맺기	

월	일	절기 및 교회행사	전도소그룹 진행사항	점검사항
4	7	전도물품 배부 (전도물품을 이용해 관계맺기) 목장초청잔치 간증자 선정	전도소그룹 2단계 : 불신자를 섬기라(1:1만나) - 나다나엘 정하기 (전도가 가능한 2명) - 나다나엘과 시간을 함께하라. - 나다나엘을 구체적으로 섬기고 감동시켜라.	- 언제,어디서,누구와 함께 만나서 어떻게 섬길 것인지 약속하고 점검한다. - 바자회에 누구를 초청할 것인가를 서로 나눈다. - 간증자 준비 및 간증문 작성
	14			
	21	섬김의 바자회 22일(월)~23일(화)	전도소그룹 3단계 : 함께 관계를 세우라(1:다수) - 소그룹 중심으로 친구를 만들어 주라. - 전도대상자를 함께 만나고 찾아가고 관계를 세우라. - 목장별 릴레이 금식기도(6일~19일)	- 교회 안밖의 모든 행사에 초청하여 사랑하고 섬기는 단계이므로 교구별, 선교회별 행사에 전도대상자를 초청해 함께 섬기어 교회안에 친구들을 만들어 준다. - 목장별 릴레이 금식기도표 작성 및 배부 - 목장별 간증자 금식기도하며 목장초청잔치 간증 준비 - 목장초청잔치 날짜, 시간, 장소를 정한다.
	28	간증자 교육		
5	5	어린이 주일		
	12	진행자 교육	전도소그룹 4단계 : 공동체로 초청하라 - 전도대상을 잘 섬겨주어 교회 안에 5~6명 정도의 친구를 만들어 주는 것이 목적이다. - 목원들 중에 도와줘야 할 전도대상자가 있다면 반드시 목자가 함께 만나 섬겨야 한다.	- 목장초청잔치에 누구를 데려올 것인지를 점검하고 전도대상자의 영적인 상태를 나누고 기도한다. - 목장초청잔치를 위해 중보기도 한다. (전도대상자, 간증자, 진행자) - 목장초청잔치 후 목자가 초청자들에게 안부 전화하기
	19	상반기목장초청잔치 5월 20일(월)~26일(주일)		
	26			
6	2	총력전도 주일	전도소그룹5단계 : 적극적으로 교회로 인도하라 - 지금까지의 모든 일의 열매 맺는 단계이다. - 적극적으로 전도대상자들을 교회로 인도해야 한다. - 5단계는 전도대상자에게 복음을 전하는 단계이다.	- 아직 교회에 나오지 못한 전도대상자들의 영적인 상태는 어떠한가? - 이번주는 누구와 만나는가? - 목원들 중에 도와줘야 할 전도대상자가 있다면 반드시 목자가 함께 만나 섬긴다. - 전도대상자를 위해 목장에서 집중적으로 기도 - 목장별 전도주일에 누구를 데려올 것인지 점검.
	9	목자 위로회 목장초청잔치 평가회		
	16			
	23	제자, 사역자 영성훈련 (청원 갈멜산 기도원)		
	30	목장별 전도주일		

월	일	절기 및 교회행사	전도소그룹 진행사항	점검사항
7	7	맥추감사주일		
	14			
	21	여름성경학교		
	28	청소년부 수련회		
8	4	청년부 수련회		
	11		VIP 기도카드 제작 및 준비	- 전도물품 및 특새 선물 제작
	18	목자 일일 수련회 (남/여)	- VIP카드 작성(목장에서) - VIP카드 작성 및 목원들끼리 기도 짝 정하기	- 목원들이 전도대상자를 정하게 한다. - 기도 짝과 어떻게 기도 할 것인가를 상호 약속 - 특새 기도제목 나누기
	25	제자훈련 개강		
9	1	전교인 특별새벽부흥성회 9월 2일(월)~ 9월 14일(토)	전도소그룹 1단계 - 기도 - VIP카드 작성 및 불신자 집중기도 - 수요, 철야예배 때 기도카드 놓고 기도 - 모든 제자훈련 때 마다 점검 및 기도	- 목자는 기도 짝과 매일 어떻게 기도할 것인가를 구체적으로 약속하고 상호 점검 한다. - 목장예배 때 전도대상자를 위해 매일 기도했는가? - 기도할 때 하나님께서 어떤 마음을 주셨는지 나누고 기도 한다.
	8			
	15	전교인 전도물품 배부 목장초청잔치 간증자 선정	전도소그룹2단계 - 불신자를 섬기라 (1:1만나) - 나다나엘 정하기 (전도가 가능한 2명) - 나다나엘과 시간을 함께하라. - 나다나엘을 구체적으로 섬기고 감동시켜라. - 1:1의 만남, 지속적으로 조건없이 만나고 사랑하고 도우라	- 교회에서 준비한 전도물품을 이용하여 관계맺기
	22			- 기도 짝과 1단계를 점검 - 나다나엘 한 명 이상과 함께 언제 만나 섬길 것인지 점검 - 체육대회에 누구를 초청할 것인가 점검 - 간증자 선정 및 간증문 작성 확인
	29	바나바 교육		
10	6	전교인 체육 대회 (체육관 사정에 따라)	전도소그룹3단계 - 함께 관계를 세우라(1:다수) - 소그룹 중심으로 친구를 만들어 주라. - 전도대상자를 함께 만나고 찾아가고 관계를 세우라 - 교회 안과 밖의 모든 행사에 초청하여 사랑하고 섬기는 단계이다. (목장별, 교구별, 선교회별 등) - 목장별 릴레이 금식기도 (10월 28일(월)~11월 9일(토))	-지난주에 전도대상자를 어떻게 섬겼는지 나눈다. - 전도대상자를 언제, 어디서, 누구와 함께 만날 것인지를 점검
	13			
	20	간증자 교육		- 교구별,선교회별 행사에 전도대상자를 초청해서 함께 섬기어 교회 안에 친구를 만들어 준다. - 목장별 릴레이 금식기도표 작성 및 배부 - 목장초청잔치 날짜, 시간, 장소를 정한다.
	27	진행자 교육		

월	일	절기 및 교회행사	전도소그룹 진행사항	점검사항
11	3	추수감사주일 목자교육	전도소그룹4단계 : 공동체로 초청하라 - 전도대상를 잘 섬겨주어 교회 안에 5~6명 정도의 친구를 만들어 주는 것이 목적이다. - 목원들 중에 도와줘야 할 전도대상자가 있다면 반드시 목자가 함께 만나 섬겨줘야 한다.	- 목장초청잔치에 누구를 데려올 것인지 점검
	10	하반기 목장초청잔지 11월11일(월)~ 11월17일(주일)		- 목장초청잔치 후 목자가 초청자들에게 안부 전화하기
	17			- 총력전도주일에 누구를 전도할 것인가? - 전도대상자를 위해 목장에서 집중적으로 기도
	24	목회자 전도소그룹 (25일~26일)	전도소그룹5단계 : 적극적으로 교회로 인도하라 - 지금까지의 모든 일의 열매 맺는 단계이다. - 적극적으로 전도대상자들을 교회로인도해야 한다. - 5단계는 전도대상자에게 복음을 전하는단계이다.	- 목원들 중에 도와줘야 할 전도대상자가 있다면 반드시 목자가 함께 만나 섬겨야 한다.
12	1	총력전도 주일		- 이번주에 전도대상자를 누구와 언제, 어디서 만날 것인가? (목자와 함게 만나주기) - 목장별 전도주일에 누구를 데려올 것인가를 점검
	8	평신도 전도소그룹 세미나(9일)		
	15	제자, 사역자 영성 훈련		
	22	성탄절(25일)	- VIP초청 성탄전야축제 (24일, 화요일)	- 전도대상자를 위해 목장에서 집중적으로 기도
	29	31일 송구영신예배	- 목장별 전도주일 - VIP초청 성탄전야축제(24일)	

전도소그룹 목자 간증

목자간증1

안녕하세요. 제자들교회 ○○목장 목자로 섬기고 있는 ○○○ 집사입니다. 9월 21일 목자모임에서 목사님께서 네 번째 전도소 그룹을 시작할 것을 말씀하셨습니다. 목요일에 목장예배가 있는 저희 목장은 월요일부터 목요일까지 목원들이 영혼구원에 대한 마음과 순종하는 마음을 갖게 해달라고 기도했습니다. 전도소그 룹의 첫 번째 주인 9월 25일 목장예배를 드린 후 전도소그룹에 대한 전체적인 진행 계획과 전도소그룹의 목적, 필요성에 대해 이 야기했습니다. 대부분이 새신자인 저희 목장 목원들은 '전도'라는 것 자체를 부담스러워 했습니다. 하지만 1, 2, 3차 초청예배 때 초 대되었던 전도대상자들이 지금은 교회에 나와서 바나바 환영식과 새신자 성경공부를 마치고 중급반 성경공부를 하면서 열심히 신 앙생활을 하고 있고, 이런 목원들이 여러 명 있다는 사실을 다시 주지시키면서 주변에 믿지 않는 이웃을 위해 함께 기도하며 만나 서 관계를 세우고 초대하자고 용기를 주었습니다.

기도 짝을 정할 때는 신앙생활을 열심히 하는 성도님과 새신자를 짝으로 묶어 주어 새신자도 기도할 수 있도록 했습니다. 그리고 반드시 기도 짝과 상의하여 기도할 수 있는 시간을 정하여 매일 기도할 것을 약속하도록 하였습니다. 그날 목장예배에 참석하지 못한 목원은 저와 기도 짝을 하여 제가 주중에 찾아가 VIP를 정하고 기도 시간을 약속하였습니다. 목자인 저는 기도 짝별로 목원들의 기도시간을 알아두었다가 매일 기도시간 전에 문자나 전화를 하여 기도시간을 잊지 않고 기도하도록 독려하였습니다.
둘째 주인 10월 2일 목장예배 때 기도 짝과 함께 앉도록 하고 목 장예배 시작 전에 지난 한 주간 동안 기도 짝과 14명의 VIP를 위해서 매일 기도했는지를 확인하였습니다. 감사하게도 한 팀을 제외하고는 매일 기도를 했거나 주중에 3~4일씩은 기도를 했다고 이야기 했습니다. 목장예배 후에는 7명의 VIP 중에서 3명의 나다나엘을 정하여 한 주간 동안 기도하게 하고, 그 중 1명 이상을 주중에 찾아가 교제하도록 하였습니다. 관계를 세우는 일이 중요하므로 찾아가 교제 할 때 섣불리 복음을 전하기보다는 사랑하고 섬기는 일이 우선임을 강조했습니다. 그리고 기도가 무엇보다 중요함을 강조하여 목원들 모두가 통성으로 기도 짝과 나다나엘을 위하여 하는 시간을 가졌습니다.

셋째 주인 10월 9일에는 지난 주 나다나엘을 찾아가 교제했는지를 묻고 나다나엘의 반응에 대해 함께 이야기를 나누었습니다. 목원들 중에는 자신도 새신자인데 나다나엘을 집으로 초청하여 식사를 한 목원도 있었고, 함께 백화점에서 쇼핑을 한 목원도 있었습니다. 모드들 나름대로 최선을 다하고 있어 서로 격려해 주었습니다. 그리고 무엇보다 나다나엘을 사랑하자고 이야기 했습니다. 3번째 단계가 '나다나엘을 함께 만나라'이므로 목원들에게 언제, 누구와, 누구를 만날 것인가를 정하도록 하였습니다.

특히 10월 13일과 14일에 교회에서 여선교회 주최 바자회가 계획되어 있어 여선교회 바자회를 적극 활용하도록 하였습니다. 목원들 대부분이 어린아이가 있음에도 불구하고 자신의 나다나엘을 바자회에 함께 데리고 와서 목장식구나 교회의 여러 성도들을 자연스럽게 소개하고 함께 식사를 나누며 바자회에 나온 싸고 좋은 물건을 선물하기도 했습니다.

전도에 있어 무엇보다 중요한 것은 기도인데 마침 13일부터 26일까지 '전교인 특별새벽부흥성회'가 있어 목원들은 아기를 업고 새벽기도를 나와 나다나엘과 목장초청예배를 위해 기도했습니다. 목원들이 자신의 나다나엘과 목자인 제가 만나길 원해서 저는 하루에 아침 점심 저녁으로 3명의 나다나엘을 만나 교제하기도 했습니다. 목장초청 날짜가 11월 첫째 주로 정해지면서 저희 목장은 예상 인원 등을 고려하여 11월 6일과 7일 두 차례에 걸쳐서 초청예배를 드리기로 하고 장소와 간증자를 정하여 함께 기도하였습니다.

시간적인 여유가 있으므로 아직까지 나다나엘을 만나지 못했거나 나다나엘이 초대에 응하지 못하는 경우 다시 새로운 나다나엘을 찾아 기도하고 교제하도록 하였습니다. 초대할 나다나엘이 없다고 하는 목원에게는 다른 목원이 목장예배 때 이야기 했던 친구나 동서, 자녀의 친구 엄마 등을 이야기 해주며 찾아가 관계를 세우게 했습니다. 초청일자가 다가오면서 간증자와 찬양 인도자, 게임 진행 등에 대해 구체적으로 목원들과 이야기를 했습니다. 무엇보다 간증자를 위해 함께 한 끼 금식하며 기도했습니다.

목장초청예배 3일 전부터 저희 목장은 구체적인 준비에 들어갔습니다. 목자인 저는 목원들의 숨은 솜씨를 잘 살릴 수 있도록 역할을 나누었습니다. 유치원 교사였던 목원을 중심으로 아기 엄마들에게는 장식을 준비시켰고, 사업장에 묶여있는 목원에게는 초대된 나다나엘에게 줄 선물을 포장하도록 했습니다. 그리고 아이들이 자라서 어느 정도 시간이 자유로운 목원을 중심으로 다른 목장에서 계획한 음식 메뉴를 참고하여 음식을 준비하도록 했습니다. 초청 전 날 목원들은 조금은 힘들지만 기쁘고 감사한 마음으로 목원들과 나다나엘들의 목걸이 이름표를 정성들여 만들고, 선물과 함께 줄 카드를 만들고, 풍선과 리본, 환영 문구를 이용하여 초청 장소를 정성껏 장식했습니다. 초청 당일에는 교회의 다른 목장 집사님들이 음식 도우미로 오셔서 도와주셨고, 교회의 청년 선생님들은 아이들을 돌봐주셨습니다. 목원들과 나다나엘들이 대부분 젊은 엄마인 저희 목장은 아이들로 인해 준비한 초청행사가 방해될 것을 막기 위해 같은 아파트에 살고 있는 목원의 집을 아이들을 돌보는 장소로 정해 맡겼습니다. 약속된 시간 1시간 전에 대부분의 준비를 마친 목원들은 다시 한 번 손을 잡고 초청 모임에 하나님이 함께 하실 것과 간증자를 위해 통성으로 기도했습니다.

시간이 되어 나다나엘들이 오기 시작하자 목원들은 준비한 목걸이 이름표를 걸고 반갑게 나다나엘들을 환영했습니다. 나다나엘들에게도 목걸이 이름표를 걸어주자 즐거워했습니다. 나다나엘들은 준비된 장식과 정성껏 준비한 음식에 감탄하며 초대에 감사해했습니다. 초대된 나다나엘들은 대부분 이미 목장 식구들 중 2~3명은 만났었기 때문에 함께 음식을 먹으면서도 어색해하지 않았으며, 목원들의 배려와 섬김으로 이름표에 적힌 이름을 부르고 자연스럽게 이야기하며 식사를 했습니다. 식사가 끝나고 준비된 상품을 놓고 게임을 했는데 목원들이 나다나엘들의 옆에 앉아 적극적으로 게임에 동참하여 분위기를 조성해 나가자 초대된 나다나엘들도 즐겁게 게임을 하게 되었습니다.

게임이 마무리 될 무렵 '즐거운 나의 집'을 시작으로 찬양시간을 가졌는데 '당신은 사랑받기 위해 태어난 사람'은 대부분 아는 곡이므로 자연스럽게 옆 사람을 축복하며 찬양할 수 있었습니다. '좋으신 하나님'으로 분위기를 잔잔하게 하고 우리 중 교회에 나온 지 3개월 정도 지난 박진옥 성도님에게 교회에 나오기 전과 나온 후가 어떤가를 이야기 해달라고 하며 자연스럽게 간증을 시작하도록 했습니다. 간증자인 박진옥 성도님은 3번째 초청모임 때 초대되었던 초심자입니다. 목원들과 저는 간증을 들으면서도 계속해서 박진옥 성도님을 위해 마음으로 기도했습니다. 박진옥 성도님은 간증 도중 울음을 참지 못했고, 목원들과 나다나엘 대부분이 눈물을 흘리며 간증을 들었습니다. 간증이 끝나고 목자인 저의 간단한 축복기도로 초청 모임을 끝냈고 우리가 정성껏 준비한 선물을 전했습니다. 초청모임 다음날은 목원들이 자신이 초청한 나다나엘들에게 전화를 걸어 참석해 주셔서 감사하다는 말과 반응을 점검하도록 했습니다.
목장초청예배를 준비하며 무엇보다 감사한 것은 목원들의 하나님을 향한 믿음이 더욱 커졌다는 것과 나다나엘을 위하여 기도했던 자신의 기도제목이 응답받았다는 간증이 생기기 시작한 것입니다. 또한 함께 모여 장식을 준비하고, 음식과 선물을 준비하기 위하여 시장에 함께 다니는 동안 목원들이 더욱 하나가 되어 서로를 위해 주며 행복해 했다는 것입니다. 나다나엘 중 한 자매는 함께 교제하는 과정에서 마음을 열고 교회에 나와 3주째 열심히 신앙생활을 하고 있으며, 초청모임 중에 식사를 하며 교회에 다니고 싶다고 고백한 자매도 있었습니다.

두 번의 초청모임을 통해 저희 목장에는 18명의 나다나엘이 초대되었고 모두가 기쁘고 행복한 얼굴로 감사를 전했습니다. 참석을 약속하고 미처 참석하지 못한 나다나엘들도 놓치지 않고 계속 교제할 것이며 초청 대상이었던 나다나엘들을 위해서도 계속 기도하고 사랑하여 복음을 전하기까지 관계를 이어갈 수 있기를 소망합니다. 대부분이 새신자인 목원들이 순종으로 기도하고 섬겼을 때 하나님께서는 응답하시고 은혜를 허락하셨으며 목원들의 심령을 충만하게 채워주셨습니다. 다시 한 번 우리를 사용하신 하나님께 감사드립니다.

목자간증 2
안녕하세요? ○○○목장을 맡고 있는 ○○○집사입니다. 저는 조부모님과 살면서 무당과 정한수를 떠놓고 기도하던 모습만 보고 자랐습니다. 그러던 제가 예수님을 알게 된 건 20살 대학시절 이었습니다. 기독교 동아리의 선배는 저를 위해 십자가에 매달려 돌아가신 분이 있다면서 십자가의 복음을 알려 주었고, 그때부터 집 근처의 교회를 다녔습니다. 1년 정도 교회를 다니던 중 모태신 앙이었던 남편을 만나 결혼을 하게 되었고, 남편과 저는 집 근처에 있는 제자들교회로 나오게 되었습니다.

제자들교회에 처음 와서 예배를 드리는데 마음 한 곳에서 무엇인가 느껴지면서 눈물이 나왔습니다. 저희는 곧바로 제자들교회에 등록을 하게 되었고, 신혼부부 목장이라는 소그룹에 소속되었습니다. 또래 신혼부부들이 드리는 목장예배에서 가족 같은 마음으로 부부의 어려움과 기쁨을 나눴습니다. 남편의 잦은 출장으로 두 아이를 데리고 목장예배를 다니는 것이 많이 힘들고 어려웠지만, 목자의 섬김과 목원들의 위로로 힘을 얻었습니다. 4년 정도 목장예배를 드리면서 더욱 하나님을 사모하게 되었습니다.

그러던 중 주님의 말씀을 더 알고 싶어 제자훈련을 받게 되었습니다. 제자훈련을 받던 저는 Q.T를 통해 말씀 속에 거하게 되었고, 말씀과 가까워질수록 주님이 주시는 사명을 감당하는 진정한 제자가 되고 싶은 마음이 생겼습니다. 지난 8월 사명을 위해 기도하던 중 목자를 감당해 보라는 전도사님의 제의를 받았습니다. 부부목자이다 보니 남편도 함께 동의를 해야 하므로 저희 부부는 함께 기도를 시작했습니다. 저는 기도 가운데 순종하라는 마음을 주셨지만, 남편은 아직 응답을 못 받았다면서 철야예배 때 더 뜨겁게 기도했습니다. 사모한 만큼 채우시는 주님은 그날 밤 평안으로 응답을 하셨고, 저희는 목자의 사명을 감당하기로 했습니다.

이병일 부부목장에서 분가를 하면서 목장이 구성 되었는데, 목원 명단을 보면서 걱정이 앞섰습니다. 목장예배에 잘 참석하는 가정은 한 가정뿐이었고, 나머지 세 가정은 목장예배에 잘 참석하지 않는 가정이었습니다. 저희 부부는 목원들의 상황과 마음, 그 어떤 것도 알 수 없었으나 하나님 안에서 하나가 되고 목장예배를 사모하게 해달라고 매일 한 가정씩 놓고 금식하며 기도하였습니다. 기도하며 조금씩 평안을 찾게 되었고 첫 목장예배를 드리는 날 목원 모두가 참석을 하였습니다.

남편과 함께 기도했던 것들이 첫 예배를 통해 하나씩 이루어지는 모습을 보며 참 기쁘고 감사했습니다. 그 이후로 지금까지도 잘 참석하며 사모하며 함께 예배를 드리고 있습니다. 첫 예배 후 목원들에게 매일 말씀을 문자로 보내며 Q.T나눔을 같이 했고, 한 사람씩 만나 밥도 먹고 차도 마시며 관계를 위해 노력했습니다. 저는 직장생활을 하여 시간이 여유롭지 않지만 하나님 일이 우선이 되게 해 달라고 순간순간 기도했습니다.

남편은 차량운행을 하면서 일이 늦게 끝나 오지 못하는 목원과 임신해서 움직이기 힘든 목원들을 목장예배에 참석할 수 있게 도왔습니다. 무엇보다 목장예배에서 나눔을 하며 목원들을 위로할 것과 기도제목들을 기도 수첩에 적어 중보했습니다. 또 예배 후에는 집에 돌아간 목원들에게 다시 한 번 문자를 남김으로 마음을 전했습니다. 하나님은 이렇게 주는 것보다 받는 것을 좋아하는 저를 변화시키셨습니다. 아버지의 눈으로 목원들을 바라보니 그 섬김의 마음이 전달되어 전도소그룹 과정에서도 목원들이 하나가 되었습니다. 저희는 전도소그룹이 이루어지는 순서에 맞추어 VIP 카드를 작성하고 기도 짝을 정하여 기도하였습니다. 아기를 업고 안고 잠이 덜 깬 모습으로 눈을 부비며 특별새벽예배에 나오는 목원들이 너무 아름답고 예뻤습니다. 저는 목원들의 VIP명단을 기도수첩에 적으며 중보하였고, VIP에 대해 서로 이야기를 나누며 그들에 대해 조금씩 알아갔습니다. 특별새벽예배 동안 VIP를 놓고 기도하면서 하나님이 주시는 마음에 따라 마음에 와 닿는 VIP를 나다나엘로 정하였습니다. 목장예배를 드리고 난 후 전도소그룹의 진행상황 점검 시간도 가졌습니다.

나다나엘의 상태는 어떠한지, 언제 만나서 어떻게 섬길 것인지, 도움이 필요한 부분은 없는지, 이야기를 나누며 영혼구원에 대한 의지와 열정으로 기도하며 섬기게 되었습니다. VIP와 함께하는 전교인 체육대회, 교구에서 함께 한 도예공예체험에 나다나엘을 초청하여 관계세우기를 하면서 우리 목원들과도 좀 더 친밀해졌습니다. 저의 나다나엘은 작년에 제가 전도한 자매의 남편 분이었습니다. 직접적으로 만날 시간이 많지 않아 전도물품과 체육대회 초대장을 손편지로 작성하여 간식과 함께 전달해 주기도 했습니다. 그렇게 마음을 담은 편지들이 물품과 함께 전달되었고, 주님께서 체육대회와 도예체험에 올 수 있게 발걸음을 인도해 주셨습니다. 단계마다 기도와 순종으로 나아가며 전도소그룹의 꽃인 목장초청잔치를 목자가 되고 처음으로 하게 되었습니다.

초청장소, 간증자, 음식 준비 모든 것이 어려워 보였지만 처음 목자로 부르셨던 주님을 떠올리며 기도로 준비했습니다. 선뜻 집을 빌려주겠다는 영성 자매와 간증을 하겠다는 현영 자매, 다른 목원들도 함께 순종함으로 어려움 없이 준비하게 하셨습니다. 또한 초청되는 VIP들을 다시 점검해서 명단을 작성했고, 교회에서 이루어지는 릴레이 금식기도표에 맞추어 목원들과 함께 중보기도를 하였습니다. 영적 전쟁인 만큼 사단이 틈을 타면서 감정적인 어려움도 있었습니다. 목원들에게 이 부분까지도 같이 중보해 줄 것을 부탁하고 매일매일 문자와 나눔으로 함께 했습니다. 그 마음을 아는 목원들은 혼자가 아니라 함께하고 있다는 마음을 저에게 전해 주었고, 기쁨과 설렘으로 목장초청잔치를 준비할 수 있게 되었습니다. 목장초청잔치 전날 예비 초청자를 점검해 보니 12명이었고, 목원들과 아이들까지 계산하니 40명 정도 되었습니다.
초청 당일 목원들은 각자의 자리에서 기쁨으로 함께 준비했습니다. 예상보다 적은 6명의 초청자와 목원, 아이들, 모두 30여명이 참여하여 많은 분들의 도움으로 목장초청잔치를 진행하였습니다. 현영 자매의 간증을 들으면서 눈물을 흘리던 자매, 감동이 되었는데 눈물을 억지로 참고 있던 형제님, 그리고 그 곳에 오신 모든 형제, 자매들의 마음을 만지시는 주님을 보게 되었습니다. 무엇보다 부부목장이다 보니 아이들이 목원 수만큼 많았지만, 목장초청잔치를 진행하는 데 전혀 방해가 되지 않았고 너무나 화기애애하고 은혜로운 천국잔치가 되었습니다. 지난 주 목장예배 때 목장초청잔치를 하며 느낀 마음을 나누었는데 집을 빌려줬던 자매 가정은 아직도 은혜가 집에 머물러 일이 잘 된다고 간증하였습니다. 간증을 한 현영 자매는 간증문을 작성하며 주님의 사랑을 더 알게 되어 감사하다고 하였습니다. 한 초청자는 목장초청잔치의 간증과 섬김을 통해 마음이 움직여 먼저 목장예배에 참석해 보겠다고 하였습니다. 초청잔치에 오셨던 초청자들과 기도하고 섬겼지만 그 자리에 참석하지 못한 VIP들의 마음을 만지셔서 하루 속히 하나님의 자녀가 되기를 목원들과 함께 포기하지 않고 중보하고 있습니다. 이 모든 기적은 나의 능력이나 목원들의 능력이 아닌 주님의 능력으로 이루신 일들입니다. 목장초청잔치를 준비하며 받았던 말씀이 떠오릅니다.

"일을 행하시는 여호와, 그것을 지어 성취하시는 여호와, 그의 이름을 여호와라 하는 자가 이와 같이 이르시도다. 너는 내게 부르짖으라 내가 네게 응답하겠고, 네가 알지 못하는 크고 은밀한 일을 네게 보이리라."

이 말씀에 의해 순종하며 나아갔더니 모든 것을 이루시는 주님을 보게 되었습니다. 목자가 된지 3개월 밖에 안 되었지만 한 가지 깨달은 것은 내 능력이 아닌 주님의 능력이면 이루지 못할 게 없다는 것입니다. "세상을 변화시키는 것은 위대한 사람들이 아니라 위대하신 하나님의 손에 붙들린 약한 사람들이다." 어느 책을 통해 알게 된 글이지만 목자의 사명이 끝나는 그날까지 하나님의 손에 붙들린 가장 약한 목자가 되려고 합니다.

목자 간증 3

안녕하세요. 저는 ○○○목장을 맡고 있는 ○○○집사입니다. 저는 어릴 적부터 지금까지 교회에 다닌 적이 없었습니다. 결혼을 하고 나서 힘들고 어려운 시간을 보내고 있을 때 같은 아파트에 살고 있는 친구를 통해 제자들교회에 나오게 되었습니다. 저를 위해 오랫동안 기도했다며 같은 아파트에 살던 친한 친구가 저를 제자들교회 목장초청잔치에 초대해 주었고, 많은 분들의 사랑과 섬김에 마음의 문이 열려서 친구를 따라 제자들교회에 등록하게 되었습니다. 목장에서 사랑을 받으며 재미있게 신앙생황을 하던 중 남편의 직장으로 인해 갑자기 ○○로 이사를 가게 되었습니다. 그곳에서도 교회를 다녔지만 마음 한구석에는 제자들교회에 대한 그리움이 있었습니다. 그러던 중 다시 ○년 만에 대전으로 이사 오게 되었습니다.

제자들교회로 다시 돌아와 제자훈련을 받으며 기쁨과 감사로 1년 정도 지났을 무렵 저에게 목자를 하라고 하셨습니다. 저는 겁도 나고 당황스럽기도 했습니다. 다른 지역으로 이사가는 목자를 대신해 목자로 섬기라고 하셨는데 소심한 저로서는 그 자리가 어렵게만 보였습니다. 특히 당시 저의 목자는 박진옥 목자님이셨는데 제가 그분처럼 한결같은 헌신과 사랑으로 섬길 수 있을까 하는 염려와 걱정으로 기도를 하며 하나님께 많이 여쭈었습니다. 그러던 중 하나님의 말씀이 감동처럼 제 마음에 와 닿았습니다. 목자 파송식이 있기 며칠 전 하나님의 마음으로 그들을 품을 수 있게 해달라고 새벽에 기도 하던 중 이사야 41장 10절 말씀을 주셨습니다.

"두려워하지 말라 내가 너와 함께 함이라 놀라지 말라 나는 네 하나
 님이 됨이라 내가 너를 굳세게 하리라 참으로 너를 도와 주리라 참
 으로 나의 의로운 오른손으로 너를 붙들리라"

하나님은 제 마음에 있는 근심을 알고 계셨습니다. 저의 모든 것을 보고 계셨던 하나님을 만나고 나니 눈물만 나왔습니다. 그 후로는 염려가 되지 않았습니다. 제가 염려하지 않아도 하나님께서

좋은 목원들과 함께 목장을 이끌어 갈 수 있도록 인도해 주셨습니다. 하나님의 은혜를 생각하며 이 사랑을 여러 사람에게 전하고픈 마음이 들어 제가 사는 아파트 앞에서 목요일마다 커피와 음료수를 나눠주며 전도하는 일을 했습니다. 하나님이 기뻐하신다는 생각 때문에 매주 목요일이면 차를 준비해 아파트 앞으로 나갔고 사람들을 부지런히 만났습니다. 일년 반 동안 그 일을 하면서 처음엔 생각처럼 전도가 되지 않아 힘들다는 생각도 들었고 버겁기도 했습니다. 하지만 그래도 하나님께서 내게 주신 사랑을 다른 사람도 알게 해야겠다는 생각에 계속 전도를 하다 보니 한 사람 두 사람 마음을 열고 먼저 얘기하는 사람들이 많아졌습니다.

그러다보니 전도의 열매도 맺어져서 목장이 부흥되고 목장을 분가하는 큰 기쁨도 누리게 되었습니다. 신앙생활을 잘하는 기존의 목원들을 새로운 목자와 함께 분가시키고 나니 새신자들만 데리고 목장을 이끌어가는 것이 큰 부담이 되었습니다. 아무래도 처음 신앙생활을 하는 분들이 많다 보니 더 많은 관심이 필요했습니다. 저는 목원들을 더 친밀하게 대하며 진심으로 다가가서 그들과 삶과 신앙생활의 어려움을 함께 나누고 기도하는 시간을 많이 가졌습니다. 목원들의 믿음이 성장하고 은혜를 받는 것을 볼 때마다 전도를 통한 영혼구원이 얼마나 중요한지 알게 되었습니다. 그리고 목장예배 때마다 전도하며 만난 사람들에 대해, 또 전도대상자들을 꾸준히 섬기면서 그들이 마음을 열어가는 것에 대해 이야기를 나눌 때 목원들의 마음에도 영혼구원에 대한 열정이 일어나는 것이 보여 감사했습니다.

9월에 전도소그룹이 시작되어 특별새벽기도를 앞두고 저희들은 섬겨오던 분들의 VIP 카드를 작성했습니다. 얼굴도 모르는 이들을 위해 중보기도하고 그날그날 생각나는 음식을 만들어서 찾아뵙고 함께 음식을 나눠 먹었습니다. 무엇보다 서로 마음을 열고 대화할 수 있는 시간을 많이 가졌습니다. 또한 목원들과 함께 만나서 자연스럽게 친해질 수 있도록 했습니다. 초청잔치를 앞두고 저는 하나님께서 하실 일들이 기대가 되었습니다. 초청잔치에 오실 분들은 열다섯 분이 넘었습니다. 그렇게 많은 분들이 오셔서 예수님을 만난다고 생각하니 진정 하나님이 기뻐하시는 천국잔치를 여는 것 같았습니다.

초청잔치 날 감사하게도 새신자인 목원들이 섬기던 분들을 모두 한 분씩 모시고 왔습니다. 특히 목원 중 가장 초심자인 김윤아 성도님은 초청잔치에 오는 길에 집 앞에서 아는 분을 만나 데리고 오려고 마지막까지 애를 쓰셨습니다. 간증자가 안 와서 모두가 노심초사하기도 했지만 교회 나온 지 얼마 되지 않은 새신자들이 주님이 주시는 마음으로 순종하며 섬기려는 모습에 목자인 제가 감동되어 눈물이 핑 돌았습니다.
초청잔치의 진행은 분가하여 목자를 맡고 있는 이경아 집사님이 하셨는데 처음 하시는 분 같지 않게 잘 이끌어 주셨습니다. 초청자들과 목원들이 이미 만난 적이 있고 자주 마주치는 주위 분들이라서 분위기는 화기애애했습니다. 김미진 성도님의 간증을 들으면서 초청자들은 '교회에 다니면 정말로 아픈 목이 건강해지느냐? 예수를 믿으면 정말로 저런 일들이 생긴다니 신기하다. 우리도 한번 가봐야겠다'말하며 감동을 받고 돌아갔습니다.

초청잔치 후 그동안 섬겨왔던 분들에게 적극적으로 복음을 전하며 교회로 초청했습니다. 지난 주 주일은 전 교인 총력전도주일이었습니다. 제가 섬기던 분들은 한숲아파트 정문 앞에 있는 한숲통신 사장님과 피자집 사장님이었습니다. 금요철야를 가기 전에 홍합을 삶아서 갖다드리며 교회에 나와 주실 것을 말씀드렸더니 이걸 먹고 어떻게 안갈 수 있냐고 하시며 주일에 나오셨습니다. 저는 그분들이 교회에 나올 수 있도록 인도하신 하나님의 깊은 사랑을 느낄 수 있었습니다.

저는 초청되었던 분들과 섬기고 있는 분들이 전도될 줄로 믿고 계속해서 사랑하고 섬길 것입니다. 그들이 기쁨으로 하나님을 만나는 모습을 보는 것이 저에게는 너무나 큰 행복이기 때문입니다. 또한 우리의 모든 것을 감찰하시며 알고 계시는 하나님께 감사드리며 심고 뿌리는 일꾼으로 더욱 열정 있게 섬길 것입니다.

목자간증 4

안녕하십니까? 저는 제자들교회 남 2교구에 소속된 ○○○목자입니다. 이 시간 부족하지만 그동안 저희 목장에서 해왔던 목장초청잔치의 준비와 실행 및 그 결과에 대한 내용들을 발표하도록 하겠습니다. 전도소그룹을 하면 할수록, 전도소그룹이 다시 시작 될 즈음엔 왠지 모를 긴장감과 설레임, 부담감이 교차하여 밀려드는 게 사실입니다. 전도소그룹을 시작할 때마다 목원들과 되뇌는 문구가 있습니다. 그것은 '전도는 정말로 쉬운 것'이라는 말입니다. 전도는 내가 전혀 모르는 낯선 사람에게 하는 부담스러운 행위가 아니라 내가 평소에 친하게 지내는 친구와 친척, 이웃, 직장 동료, 계원, 거래처, 선후배 등을 대상으로 하는, 즐거우면서 목적 있는 사랑과 섬김의 게임입니다. 저는 이 사실을 목원들과 지속적으로 나누면서 전도를 부담감이 아닌 즐거움으로 하려고 노력합니다. 평소 관계를 맺고 있는 사람들 중에서 가장 자연스럽게 접할 수 있는 사람들을 선택하여 VIP카드에 기록하게 하니, 특별한 거부감 없이 모두 쉽게 대상자들을 선정하였습니다. 서로 기도 짝을 지어 전도대상자의 명단을 교환하게 하고 VIP를 위해 따로 시간을 정하여 중보기도를 하게 하였습니다. 특별히 2주간에 걸쳐 진행되는 특별새벽부흥성회는 목원들이 전도대상자를 위해 전심으로 중보하며 기도할 수 있는 기회였습니다. 저는 월, 수, 금의 요일을 정해 안부와 위로와 격려의 전화와 문자로 목원들을 독려하였습니다. 2단계는 기존의 인간관계를 새롭게 세우는 것인데 전도대상자들의 필요가 무엇인지 파악하고, 그것을 채워주기 위한 사랑의 섬김과 수고를 할 것을 목장예배 때마다 강조하고 그 방법과 내용 등을 지속적으로 나누었습니다. 그리고 실제로 실천한 내용들을 점검하였습니다.

또한 VIP카드에 기록된 사람들 중에서 좀 더 집중하여 섬길 나다나엘을 정하게 되는데, 목장예배를 드리고 난 후 점검 시간을 따로 정하여 나다나엘의 상태가 어떠한지, 이번 주에는 언제 만났고, 어떻게 섬겼으며 향후 계획은 어떠한지, 혹 도움이 필요한 것은 없는지 등을 함께 나누며 이야기하였습니다. 중간 중간 교회에서 나눠 준 전도물품은 나다나엘을 다시 한 번 만나는 데 유익하게 사용되었습니다.

잘하고 있는 목원들에게는 감사의 표현과 격려를 독려하고, 잘 실천하지 못하는 목원들에게는 전도대상자들을 끊임없이 사랑하며 섬겨주고 진정한 친구가 되어 주는 일이야말로 세상에서 가장 가치 있는 위대한 일임을 이해하도록 하여 다른 목원들과 연합하도록 이끌었습니다.

3단계는 섬기고 있는 VIP를 목원들과 함께 만나서 관계를 세워가는 과정인데 몇 번을 경험하면서도 실패가 되풀이 되는 가장 힘들고 어려운 과정이었습니다. 그래서 저희 목장은 체육대회와 바자회, 부부세미나, 부활절 행사, 추수감사절, 크리스마스 행사 등 전도소그룹 프로그램 중 그때그때 상황에 맞게 준비된 행사들을 적절히 활용하여 VIP와 교인들이 자연스럽게 관계를 세워 나가도록 했습니다.

지금 목원들 중에도 그런 행사들을 통해 마음 문을 열고 초청행사를 거쳐 전도된 목원들이 있습니다. 남자들이기 때문에 약속을 정했다가도 이러저러한 이유로 어그러졌던 적이 참 많았습니다. 하지만 이러한 경험들을 밑천 삼아 시행착오를 줄이기 위해 철저한 사전 계획을 세우고 바자회나 체육대회 등 미리 정해진 시간에 초청하여 목원들과 만남의 자리를 만들었습니다. 그리고 식사와 다과를 나누며 얼굴을 익히고 친분을 쌓아 차후에 예정된 만남이 어색하거나 부담스럽지 않도록 준비해 나갔습니다.

이제 4단계는 목장초청잔치를 준비하고 실행하는 단계인데 올해에도 7명의 목원이 8명의 VIP를 초청하였으며 때마침 생일을 맞은 VIP가 있어 함께 축하하는 시간도 가졌습니다. 초청된 8명 중 현재까지 2명이 교회에 등록하였으며, 올 연말까지 초청된 나머지 6명뿐만 아니라 그 가족들도 함께 전도하기로 목원들과 다짐하고 결의하였습니다. 은혜로 인도하신 하나님께 모든 감사와 영광을 돌립니다.

VIP 카드

VIP 카드

나의 VIP	기도짝 VIP
1	1
2	2
3	3
4	4
5	5
6	6
7	7

● 성 명 _____
● 기도짝 _____

❶ ○○○에게 예수그리스도를 믿는 마음을 부어주세요.
❷ ○○○속에 있는 예수 그리스도를 믿지 못하게 하는 장애물을 제거하여 주세요.
❸ ○○○의 삶 속에서 하나님의 축복이 임하게 해 주세요.
❹ ○○○의 삶 속에서 예수그리스도를 경험할 수 있도록 성령님께서 도와 주세요.

나의 나다니엘	기도짝 나다니엘
1	1
2	2

VIP 카드

● 성 명 _____

● 기도짝 _____

나의 VIP	기도짝 VIP
1 _____	1 _____
2 _____	2 _____
3 _____	3 _____
4 _____	4 _____
5 _____	5 _____
6 _____	6 _____
7 _____	7 _____

❶ ○○○에게 예수그리스도를 믿는 마음을 부어주세요.
❷ ○○○속에 있는 예수 그리스도를 믿지 못하게 하는 장애물을 제거하여 주세요.
❸ ○○○의 삶 속에서 하나님의 축복이 임하게 해 주세요.
❹ ○○○의 삶 속에서 예수그리스도를 경험할 수 있도록 성령님께서 도와 주세요.

나의 나다니엘	기도짝 나다니엘
1 _____	1 _____
2 _____	2 _____

사람들이 몰려오는
소그룹 전도법

초판 1쇄 펴낸 날 | 2016년 11월 4일
개정판 1쇄 펴낸 날 | 2019년 7월 10일

지은이 | 김동현

펴낸이 | 우수명   **펴낸곳** | 도서출판 NCD

등록번호 | 제 129-81-80357호(2005.1.12)
주   소 | 서울시 강남구 테헤란로 25길 30 4층
편집부 | **전화** 02-538-3959 **팩스** 02-566-7754

ISBN 978-89-5788-281-8 (03230)
■ 책값은 뒤표지에 있습니다.
■ 잘못된 책은 구입하신 서점에서 교환해 드립니다.

교회를 건강하게 성장하도록 돕는 도서출판 NCD

도서출판 NCD는 '자연적으로 성장하는, 더 좋고 많은 교회 번식 운동'을 펼치고 있는 한국 NCD 와 이와 관련된 기관들의 사역을 문서로 지원하는 출판사입니다.

한국 NCD는 현재 전 세계 6대주 66개국 10,000교회 4,200만 자료로 검증된 설문 조사 자료를 토대로 하여 한국에서 8가지 질적 특성을 중심으로 교회의 건강을 진단할 뿐만 아니라 더 많은 교회들이 건강하게 세워질 수 있도록 지속적으로 자료 및 도구 제공, 훈련, 세미나, 컨설팅, 코치 사역, 세계 선교, 지역 및 정보 네트워크를 위해 사역하고 있는 국제적인 전문 사역 기관입니다.